# MANUEL

## DE

# DROIT CONSTITUTIONNEL

# MANUEL

### DE

# DROIT CONSTITUTIONNEL

#### SPÉCIALEMENT

#### DESTINÉ AUX ÉLÈVES DES FACULTÉS DE DROIT

PAR

## Th. AUMAITRE

Docteur en Droit, Répétiteur de Droit

Officier d'Académie

## PARIS

LIBRAIRIE COTILLON

### F. PICHON, SUCCESSEUR, ÉDITEUR

LIBRAIRE DU CONSEIL D'ÉTAT

24, RUE SOUFFLOT, 24

—

1890

# DROIT CONSTITUTIONNEL

## PRÉLIMINAIRES.

### I. — Définition du droit constitutionnel.

Le droit se divise en droit *public* et droit *privé :* le premier ayant trait aux intérêts généraux — *ad statum rei publicæ pertinet;* — le second réglant les intérêts privés — *ad singulorum utilitatem pertinet.* (V. notre *Traité élémentaire de droit civil*, t. 1, p. 2).

Le droit *constitutionnel* est une subdivision du droit public.

Quel en est le domaine propre?

Parmi les questions d'intérêt général, il faut placer au premier rang l'organisation des *pouvoirs publics* et la réglementation des *droits publics.*

Le droit constitutionnel est la partie du droit public qui les étudie l'une et l'autre.

Il touche de près à une autre partie du droit pu-

1

blic, avec laquelle il est souvent facile de le confondre, je veux dire le droit administratif. Celui-ci a pour domaine propre les questions d'intérêt général laissées en dehors de la législation des pouvoirs et des droits publics.

Non seulement ces deux branches du droit public se touchent, mais encore elles se complètent. Ainsi, par exemple, il est impossible de bien connaître l'organisation des pouvoirs publics, et en particulier celle du pouvoir exécutif, sans avoir étudié à la fois le droit constitutionnel et le droit administratif.

## II. — Division du droit constitutionnel.

Nous diviserons cette étude en quatre parties :

Première partie. — Notions sur les constitutions en général.

Deuxième partie. — Historique de la constitution française actuelle.

Troisième partie. — Organisation des pouvoirs publics.

Quatrième partie. — Réglementation des droits publics.

# PREMIÈRE PARTIE

## Notions sur les Constitutions en général.

### CHAPITRE I.

#### DÉFINITION DE LA CONSTITUTION.

Dans un sens général, la *constitution* d'un peuple est sa situation relativement à ses pouvoirs publics et à ses droits publics. — En ce sens, il est vrai de dire que tout peuple a une constitution.

Dans un sens spécial, la *constitution* est l'ensemble des règles établies sur l'organisation des pouvoirs publics, et sur la réglementation des droits publics. — En ce sens, certains peuples seulement ont une constitution; chez les autres, il n'y a pas de règles posées : tout dépend de l'arbitraire du souverain.

### CHAPITRE II.

#### POUVOIR CONSTITUANT, POUVOIR CONSTITUÉ.

Le mot *pouvoir* a deux sens en droit constitutionnel.

Dans un premier sens, il signifie le *droit* de prendre des décisions et de les faire exécuter. C'est en ce sens qu'on peut d'abord l'entendre dans l'expression pouvoir constituant. Le pouvoir constituant est alors le droit de choisir la constitution d'un État.

Dans un second sens, le mot pouvoir indique les *organes* chargés d'exécuter les décisions. C'est en ce sens qu'on peut encore l'entendre dans l'expression pouvoir constituant, ce mot signifiant alors les fonctionnaires chargés de rédiger la constitution. Aujourd'hui, la nation française a le pouvoir constituant, en ce sens qu'elle a droit de choisir sa constitution, et le Congrès est le pouvoir constituant, en ce sens qu'il révise la constitution.

C'est dans le second sens que le mot pouvoir est pris, dans l'expression pouvoirs constitués. Les pouvoirs constitués sont les fonctionnaires chargés de mettre la constitution en exercice.

Tantôt le pouvoir constituant est l'apanage du pouvoir constitué : comme il arrive dans les monarchies absolues, où le roi, pouvoir constitué, a le pouvoir constituant, c'est-à-dire le droit de choisir la constitution du pays.

Tantôt le pouvoir constituant est distinct du pouvoir constitué, et appartient à la nation, comme dans les monarchies constitutionnelles. — Cette séparation des deux pouvoirs existe aujourd'hui dans la plupart des États de l'Europe : la Russie et la Turquie sont les seuls qui ne l'aient pas encore introduite dans leur législation. — Lorsque cette séparation existe chez un peuple, on dit que celui-ci possède la *souveraineté nationale*.

## CHAPITRE III.

### SOUVERAINETÉ NATIONALE.

#### § 1. — Définitions.

La souveraineté est le droit de régler la condition d'un peuple. Elle est territoriale ou politique.

La souveraineté *territoriale* ou *externe*, est le droit de régler la condition d'un peuple, en dehors de l'intervention de tout autre : elle constitue l'indépendance de l'État vis-à-vis des autres États.

La souveraineté *politique* ou *interne* est le droit de choisir la constitution d'un État. Elle n'est donc pas autre chose que le pouvoir constituant.

Nous ne traitons ici que de la souveraineté politique : la souveraineté territoriale étant matière de droit international public.

Lorsque la souveraineté politique appartient à la nation, au lieu d'appartenir au pouvoir constitué, elle prend le nom de souveraineté nationale.

La *souveraineté nationale* est donc le droit qu'a

un peuple de choisir sa constitution. — Nous verrons qu'il peut d'ailleurs, tantôt exercer ce droit lui-même, tantôt en déléguer l'exercice à ses représentants.

### § 2. — Manifestations de la volonté nationale.

La volonté nationale se manifeste de trois manières.

I. — Par le *moyen violent* des émeutes et des révolutions.

II. — Par des *moyens pacifiques :* élections, réunions, pétitions, agitation par voie de la presse, etc. — C'est à la sagesse des pouvoirs constitués qu'il appartient de faciliter au peuple les moyens pacifiques d'exprimer sa volonté.

III. — Par des *plébiscites.*

Le *plébiscite* est une réponse directe du peuple, par oui ou par non, réponse faite à une question posée par les pouvoirs constitués.

Après avoir pris une importance capitale, sous Napoléon Ier, il reparut en 1851, et, sous le second empire, il devint l'arme de combat du parti qui s'est intitulé de ce chef le parti de l'appel au peuple.

Il peut se faire tantôt sur la *forme du gouverne-*

*ment*, tantôt sur une *question* constitutionnelle, *spéciale*.

— Le plébiscite sur la *forme du gouvernement* n'a qu'une valeur spécieuse : le peuple, ignorant les conséquences possibles d'une réponse néga- tive, et préférant tout à une révolution ou à l'anarchie, répond toujours affirmativement. Il en a été ainsi en France, dans les neuf plébiscites qui s'espacent de 1793 à 1870. Les plus célèbres ont suivi les coups d'État du 18 brumaire an VIII et du 2 décembre 1851. Le dernier de nos plébiscites, celui de 1870, suivit la transformation de l'empire autori- taire en empire libéral.

— Le plébiscite sur une *question spéciale* a plus de valeur, la réponse négative n'entraînant pas le renversement des institutions existantes. Il est sur- tout usité aux États-Unis et en Suisse sous forme de *referendum*.

### § 3. — Souveraineté populaire.

Il ne faut pas confondre la souveraineté *nationale* avec la souveraineté *populaire* : celle-ci serait le droit du peuple de se gouverner directement, de mettre lui-même la constitution en exercice. — Si la souveraineté nationale est le principe fécond de la vie des sociétés modernes, la souveraineté populaire en serait la cause de mort la plus prompte.

# CHAPITRE IV.

## MODE D'ÉTABLISSEMENT DES CONSTITUTIONS.

Les constitutions sont tantôt *coutumières*, tantôt *écrites*.

## SECTION I.

### CONSTITUTIONS COUTUMIÈRES.

A. — Les constitutions *coutumières* s'établissent peu à peu par la continuité de la *coutume* et de la tradition; plus tard, des *textes* isolés, véritables lois constitutionnelles, mais non réunis en une constitution unique et promulguée, peuvent consacrer la coutume.

B. — Il y a chez tous les peuples un droit constitutionnel coutumier, comprenant : 1° ce qu'il est inutile d'insérer dans les constitutions, ce qui y est essentiel; 2° ce que la sagesse et la pratique introduisent peu à peu dans la législation, ce qu'on pourrait appeler la jurisprudence constitutionnelle.

C. — La constitution de l'Angleterre est l'exemple le plus saillant des constitutions coutumières.

*a.* — La *coutume* y a consacré certaines pratiques constitutionnelles d'origine immémoriale : la convocation annuelle du Parlement; sa division en deux

Chambres, Lords et Communes ; des prérogatives royales.

La *coutume* y a maintenu des prérogatives qui persistent, quoique non exercées : le droit de *veto* du souverain, par exemple.

*b.* — Parmi les *textes* constitutionnels :

Les uns sont des *pactes* entre souverain et nation : telle la Grande Charte, souscrite en 1215 par Jean sans Terre ; telle la Déclaration de droits faite en 1688, à l'avénement de Guillaume d'Orange.

Les autres textes sont des *bills* réglant des matières constitutionnelles.

## SECTION II.

### CONSTITUTIONS ÉCRITES.

Les constitutions *écrites* sont celles qui sont insérées dans un texte promulgué.

Elles apparaissent tantôt à l'origine d'un État, tantôt après une révolution ou un coup d'État.

§ 1. — Constitutions promulguées à l'origine d'un Etat.

La constitution fédérale des États-Unis, adoptée le 9 juillet 1778, et modifiée plusieurs fois depuis, est un type de ces constitutions pacifiquement établies.

§ 2. — Constitutions promulguées à la suite d'une révolution.

La *révolution* est le renversement par le peuple des institutions existantes.

Certaines révolutions peuvent-elles être considérées comme *légitimes* : à savoir celles qui ont pour but, soit la reconnaissance de la souveraineté nationale, comme celle de 1789, soit la garantie de cette souveraineté, comme celle de 1830? En tout cas, ne seraient-elles légitimes qu'à défaut de tout moyen pacifique.

À la suite d'une révolution, une assemblée constituante est ordinairement convoquée, pour faire une constitution nouvelle, ou pour modifier la constitution existante.

La constitution de 1791 est un exemple de celles qui suivirent une révolution.

§ 3. — Constitutions promulguées à la suite d'un coup d'Etat.

Le *coup d'État* est le renversement des institutions existantes par un dictateur, qui s'improvise lui-même, ou que l'armée porte au pouvoir.

Certains coups d'État ont aussi été considérés comme légitimes : tel celui de dom Pedro, dissolvant une Constituante, au Brésil, pour en convoquer une autre. Mais le coup d'État légitime est une rare exception.

Les plus célèbres, en France, sont ceux du 18 brumaire an VIII, et du 2 décembre 1851. L'un et l'autre furent suivis d'une constitution rédigée par leur auteur même; c'est ce qui arrive naturellement à la suite d'un coup d'État.

# CHAPITRE V.

## EXERCICE DU POUVOIR CONSTITUANT.

Lorsque le pouvoir constituant appartient au pouvoir constitué, tout dépend de l'arbitraire de ce dernier, qui modifie la constitution à son gré.

Lorsque le pouvoir constituant est reconnu à la nation, lorsque la souveraineté nationale existe, comment le peuple exerce-t-il son pouvoir, soit pour *faire*, soit pour *réviser* la constitution?

Pour les constitutions coutumières, c'est la continuité de la coutume qui fait la constitution, de même que la modification de la coutume révise la constitution.

Pour les constitutions écrites, il faut se demander à qui appartient la *confection* de la constitution, à qui en appartient la *révision*.

## SECTION I.

### CONFECTION DE LA CONSTITUTION.

La nation, qui peut choisir la forme du gouvernement, ne saurait faire elle-même sa constitution.

Elle en délègue la rédaction, soit au souverain, soit à une assemblée constituante. — La constitution est alors rédigée par voie de *délégation*.

Parfois un dictateur sans mandat fait sanctionner par un plébiscite la constitution qu'il présente à la nation. — La constitution est alors acceptée par voie de *ratification*.

## SECTION II.

### RÉVISION DE LA CONSTITUTION.

La *révision* est la modification de la constitution existante.

Comment se fait-elle?

Deux hypothèses sont possibles, suivant que la constitution *ne prévoit pas* ou *prévoit* la révision.

**Première hypothèse.** — La constitution *ne prévoit pas* la révision.

Suivant un premier système, une Constituante seule peut, en cette hypothèse, procéder à la révision, ou plutôt remplacer la constitution actuelle par une nouvelle constitution : système soutenu par MM. de Broglie, Thiers et Guizot, en 1842.

Suivant la deuxième opinion, une loi ordinaire suffit pour modifier la constitution : c'est le système suivi en Angleterre.

D'autres enfin réclament la convocation d'une assemblée spécialement et uniquement nommée pour réviser la constitution.

**Seconde hypothèse.** — La constitution *prévoit* la révision.

Il faut alors suivre les règles formulées dans la constitution.

— Voici quelques exemples de révisions prévues par la constitution.

Les constitutions de 1791, de l'an III, de 1848, prévoyaient la révision par une assemblée spéciale.

Sous le Consulat et l'Empire, les modifications proposées par le chef de l'État, devaient être votées par le Sénat, et confirmées par un plébiscite.

## CHAPITRE VI.

### CONTENU D'UNE CONSTITUTION.

La première question posée en droit constitutionnel était celle de la souveraineté nationale : la nation aura-t-elle ou non le droit de choisir sa constitution?

Cette question étant résolue, et le droit étant reconnu à la nation, reste à savoir ce que peut contenir une constitution.

### SECTION I.

#### TEXTES COMPOSANT LA CONSTITUTION.

Au premier rang se placent les lois nettement qualifiées *constitutionnelles* par les textes. Mais cette qualification légale n'est pas indispensable, pour qu'une loi ait le caractère constitutionnel. Ainsi la loi fondamentale de la constitution française actuelle, la loi du 25 février 1875, sans qualification à l'origine, n'a été qualifiée loi constitutionnelle que plus tard, par l'art. 1 de la loi du 14 août 1884.

Il est important de distinguer les lois constitutionnelles des lois ordinaires. En effet, c'est seulement pour les premières que se discute la question de savoir comment on doit procéder à leur révision : question sur laquelle nous avons signalé trois systèmes différents. Quant aux textes qui n'ont pas le caractère constitutionnel, la révision se fait par une loi ordinaire.

La distinction n'est pas toujours facile. Il faut surtout éviter de confondre les lois constitutionnelles avec d'autres textes appelés lois *organiques*, et qui sont eux-mêmes relatifs à l'organisation des pouvoirs publics et à la réglementation des droits publics. — Citons les lois organiques du 30 novembre 1875, du 13 février 1889, sur l'élection des députés.

Il est évident que l'étude du droit constitutionnel porte également sur ces lois organiques, complément indispensable des lois constitutionnelles.

Mais la révision des lois organiques se fait par une loi ordinaire, puisque ces lois n'ont pas le caractère constitutionnel.

## SECTION II.

### DÉTERMINATION DE LA FORME DE GOUVERNEMENT.

Le point capital d'une constitution est la détermination des pouvoirs chargés de la mettre en exercice, et composant le pouvoir exécutif ou *gouvernement*.

Quels sont donc les divers *gouvernements* entre lesquels une nation a le choix?

**Première division.** — Suivant l'*autorité* au nom de laquelle est institué le gouvernement.

Les gouvernements sont *de droit divin* ou *de droit populaire*.

Dans les premiers, le pouvoir est conféré par Dieu même : c'est lui qui fait et défait les rois. Dans les autres, c'est la souveraineté nationale qui est la source du pouvoir confié aux gouvernants.

**Deuxième division.** — Suivant l'*intérêt* dans lequel est institué le gouvernement.

Le gouvernement institué dans l'intérêt du *souverain* est le triomphe du principe *monarchique*. — Le *despotisme* en est souvent la conséquence.

Le gouvernement institué dans l'intérêt d'une *élite*, pontifes, sénateurs, lords, est l'application du principe *aristocratique*. — Il tourne presque toujours à l'*oligarchie*.

Le gouvernement institué dans l'intérêt de la *nation* dérive du principe *démocratique*. — Il peut dégénérer en *démagogie*.

Le gouvernement institué dans l'intérêt de la *religion*, suppose l'adoption du principe *théocratique*.

Il y a donc, au point de vue de l'intérêt visé, des *monarchies*, des *aristocraties*, des *démocraties* et des *théocraties*.

Pour être normal, dans les pays où la souveraineté nationale est reconnue, le gouvernement doit être institué dans l'intérêt unique de la nation.

**Troisième division.** — Suivant la *forme* du gouvernement.

*Le gouvernement* est une *monarchie* ou une *république*.

Dans une *monarchie*, le pouvoir est aux mains d'*un seul* (μόνος).

Dans une *république*, le pouvoir est confié à *plusieurs*, à une collectivité, un Directoire par exemple.

**Quatrième division.** — Suivant l'*étendue des attributions* du gouvernement.

On distingue le gouvernement *indépendant* et le gouvernement *parlementaire*.

Dans le gouvernement *indépendant*, le pouvoir exécutif n'est limité par aucune entrave, par aucun contrôle. — Lorsque le gouvernement indépendant est une monarchie, il prend le nom de monarchie absolue.

Dans le gouvernement *parlementaire*, l'action du pouvoir exécutif est plus ou moins entravée par l'intervention des grands corps de l'État, du Parlement surtout.

L'influence des corps constitués est loin d'avoir toujours la même étendue. — Les Champs de Mars et de Mai des Carolingiens n'étaient vraisemblablement que des assemblées convoquées pour assister à la promulgation solennelle des Capitulaires royaux. — Si les États généraux avaient été régulièrement convoqués, et si leurs décisions avaient eu pleine autorité, leur intervention eut donné l'illusion du gouvernement parlementaire. — Nos anciens Parlements, corps exclusivement judiciaires, se sont plus d'une fois arrogé des attributions politiques, dans leurs remontrances et leurs refus d'enregistrer les édits royaux.

Dans le sens que nous venons de donner à cette qualification, on ne doit appeler gouvernement parlementaire que celui où un corps politique participe réellement au pouvoir. L'existence même d'un Parlement, s'il est uniquement chargé de la confection des lois, ne suffit pas pour constituer un gouvernement parlementaire.

## CHAPITRE VII.

### COMBINAISON DES DIVERSES SORTES DE GOUVERNEMENT.

A. — Les diverses formes de gouvernement se combinent entre elles. Ainsi :

Une monarchie peut être : de droit divin ou de droit populaire, absolue ou parlementaire.

Une république est aristocratique, démocratique ou théocratique, etc. — Tantôt elle a un gouvernement indépendant des Chambres, comme celui des États-Unis. — Tantôt elle adopte le régime parlementaire.

B. — En France, le gouvernement actuel est une république constitutionnelle, de droit populaire, démocratique et parlementaire.

En Angleterre, le gouvernement est une monarchie constitutionnelle, de droit divin, démocratique et parlementaire.

Les États-Unis d'Amérique forment une république constitutionnelle, de droit divin, démocratique et non parlementaire.

# CHAPITRE VIII.

## COMPARAISON DES DIVERSES SORTES DE GOUVERNEMENT.

### SECTION I.

#### GOUVERNEMENT MONARCHIQUE, ARISTOCRATIQUE, DÉMOCRATIQUE.

I. — La forme *monarchique* a été peu à peu battue en brèche par l'accession successive de toutes les classes sociales à la vie politique.

II. — La forme *aristocratique*, que justifient seules l'intelligence et la modération des classes supérieures, est devenue impossible par suite de la recherche des privilèges, de la tendance à l'intérêt exclusif de caste et d'un esprit conservateur exagéré.

III. — La forme *démocratique* tend à prévaloir, sous le couvert, soit d'une monarchie constitutionnelle et parlementaire, soit d'une république constitutionnelle et parlementaire.

### SECTION II.

#### MONARCHIE CONSTITUTIONNELLE PARLEMENTAIRE, RÉPUBLIQUE CONSTITUTIONNELLE PARLEMENTAIRE.

A. — Dans l'une et l'autre de ces deux formes :

1° Le pouvoir constituant appartient à la nation.

2° Le gouvernement est confié aux délégués des

représentants du peuple, à un cabinet de ministres responsables.

3º Le roi ou le président n'est que le chef du pouvoir exécutif, régnant, mais ne gouvernant pas, non responsable.

B. — Voici la différence entre les deux formes de gouvernement : la royauté est *héréditaire*, tandis que le Président d'une république est *élu*.

C. — La France nous offre l'exemple d'une république parlementaire, et l'Angleterre celui d'une monarchie parlementaire.

## SECTION III.

### AVANTAGES ET DANGERS DE LA MONARCHIE.

Sous la monarchie :

A. — D'un côté :
L'hérédité maintient un certain esprit de suite dans le gouvernement.

Les coups d'État sont moins à craindre.

Les insurrections sont moins fréquentes (mais plus redoutables).

Le respect des minorités se trouve plus assuré par le fait que le roi représente tout le pays.

B. — D'un autre côté :

La valeur personnelle du roi a quelque importance.

L'existence d'une cour, d'une noblesse, est la
source de nombreux privilèges.

Les guerres sont souvent provoquées par le désir
d'agrandissement ou par l'intérêt de la dynastie, et
facilitées par cela même que l'armée est l'armée du
roi.

## SECTION IV.

### AVANTAGES ET DANGERS DE LA RÉPUBLIQUE.

Sous la République :

A. — D'un côté :

De trop fréquents changements de cabinet amè-
nent de regrettables variations de politique.

Les coups d'État sont plus menaçants (c'est au
progrès des mœurs politiques de les éviter).

Les insurrections sont plus fréquentes (mais plus
faciles à réprimer).

B. — D'un autre côté :

Peu importe la valeur personnelle du Président. Il
est toutefois permis d'espérer que le choix se por-
tera sur le meilleur citoyen.

L'égalité civile se maintient mieux.

Les chances de paix sont plus fortes.

# CHAPITRE IX.

### RÉGIME PARLEMENTAIRE, GOUVERNEMENT REPRÉSENTATIF.

De nos jours, le régime où le pouvoir est exercé par les représentants de la nation a pris une importance capitale, sous la dénomination de *régime parlementaire*.

Le fait que, sous ce régime, le gouvernement est aux mains des représentants du peuple, a donné naissance à la dénomination de *gouvernement représentatif*.

A. — Tantôt les représentants gouvernent directement. — Il en fut ainsi sous la Convention, le pouvoir exécutif étant alors entre les mains du Comité de salut public, choisi par la Convention dans son sein.

Tantôt les représentants confient le pouvoir à un conseil de ministres, à un cabinet, dont les membres, il est vrai, sont ordinairement choisis par le chef de l'État, mais sont responsables devant les représentants du peuple. — Le cabinet doit donner sa démission dès qu'il n'a plus la confiance des Chambres. — La démission est la conséquence d'un vote de blâme des représentants, vote parfois provoqué par le ministère posant la question de confiance.

On voit donc que l'essence du régime parlementaire, c'est la *responsabilité ministérielle*, substituée à la responsabilité du chef de l'Etat.

B. — En France, aujourd'hui, les ministres sont solidairement responsables, devant les Chambres, de la politique générale du gouvernement, et individuellement de leurs actes personnels (L. 25 fév. 1875, art. 6).

La République française actuelle est donc une république parlementaire.

## CHAPITRE X.

### SANCTIONS DE LA CONSTITUTION.

La constitution trouve sa plus forte garantie d'exécution dans sa *force morale :* tant qu'elle sera l'expression de la volonté nationale, elle sera respectée.

Une sanction plus immédiate résulte du refus que fait le pouvoir exécutif ou le pouvoir judiciaire, d'appliquer les lois contraires au pacte national.

On peut imaginer, en outre, un corps gardien de la constitution. — Tel le Sénat conservateur du premier et du second Empire, Sénat chargé de s'opposer à la promulgation des lois constitutionnelles.

# DEUXIÈME PARTIE

## Historique de la constitution française actuelle.

### § 1. — Origines de la Constitution.

Le 8 septembre 1870, le gouvernement de la Défense nationale décréta une convocation des collèges électoraux, qui resta sans effet. C'est seulement à la suite de l'armistice conclu au commencement de 1871, que les électeurs furent appelés, le 8 février, à nommer une Assemblée nationale. Malgré le silence du texte de la convocation, et par la seule force des circonstances, cette assemblée se trouva investie du pouvoir constituant. Mais elle laissa écouler quatre années avant de donner à la France une constitution définitive.

Le 17 février, M. Thiers était nommé Chef du pouvoir exécutif; on avait choisi ce titre afin de ne rien préjuger sur la forme future du gouvernement.

Le 31 août suivant, la loi qui a pris la désignation de Constitution Rivet, modifia le titre de M. Thiers, en le nommant Président de la République. C'était le premier pas vers la constitution démocratique.

L'année 1873 vit constater le caractère constituant

de l'Assemblée nationale et régler les rapports du Président avec elle (L. 13 mars).

Le 24 mai 1873, la présidence du maréchal de Mac-Mahon fut substituée à celle de M. Thiers ; peu après, les pouvoirs du maréchal lui furent conférés pour une période de sept années (L. 20 novembre 1873).

## § 2. — Constitution de 1875.

Le premier septennat allait coïncider avec le troisième établissement de la République en France. Une commission de trente membres, dite commission des lois constitutionnelles, avait été nommée. Après de vives discussions et des ajournements successifs, une proposition Wallon fut enfin adoptée, le 25 février 1875, à la majorité de 353 voix contre 352. Elle établissait en France la République constitutionnelle, démocratique et parlementaire.

La loi du 25 février 1875, relative à l'organisation des pouvoirs publics, est donc notre loi constitutionnelle fondamentale.

Le 24 février déjà, avait été votée la loi relative à l'organisation du Sénat, texte qui forme notre deuxième loi constitutionnelle. (Les sept premiers articles ont perdu leur caractère constitutionnel depuis 1884, ce qui a permis de les modifier par une loi ordinaire).

3

Le Sénat, composé de 300 membres, comprenait, en 1875, deux catégories de sénateurs : les inamovibles, au nombre de 75, qui furent nommés par l'Assemblée nationale elle-même; les 225 amovibles, élus comme ils le sont encore aujourd'hui, au suffrage restreint et à deux degrés (V. à la 3e partie).

Une troisième loi, la seule qui ait été à cette époque qualifiée loi constitutionnelle, du 16 juillet 1875, sur les rapports des pouvoirs publics, vint combler les lacunes des deux lois précédentes.

Malgré ce complément, on a reproché bien des omissions à la constitution de 1875, en particulier son silence sur l'organisation du pouvoir judiciaire, organisation qui se trouve ainsi placée en dehors des lois constitutionnelles. — Plusieurs constitutions antérieures avaient eu soin de poser les bases générales de l'organisation judiciaire. — De même, dans la plupart des constitutions des autres pays.

Notre constitution ne contient pas, a-t-on dit encore, cette déclaration des droits publics qui devrait être le préambule de toute constitution.

### § 3. — Modifications postérieures à l'année 1875.

Depuis 1875, plusieurs modifications successives ont été apportées à la constitution originaire.

Le 21 juin 1879, fut abrogé l'article 9 de la loi du 25 février 1875, qui fixait constitutionnellement à

Versailles le siège du pouvoir exécutif et des deux Chambres. — En conséquence, la loi du 22 juillet suivant transporta ce siège à Paris.

Le 14 août 1884, le Congrès, réuni à Versailles : — déclara que la forme républicaine du gouvernement ne pourrait faire l'objet d'une proposition de révision; — supprima les prières publiques; — frappa d'inéligibilité à la Présidence de la République les membres des familles ayant régné sur la France.

Tel est encore aujourd'hui l'ensemble de notre constitution. Nous verrons plus loin comment elle a organisé les pouvoirs publics en France.

### § 4. — Textes actuellement en vigueur.

#### I. — Lois constitutionnelles

Ne pouvant être modifiées que suivant la procédure de la révision :

1° Loi du 25 février 1875, relative à l'organisation des pouvoirs publics. (L'art. 9 a été abrogé).

2° Loi du 24 février 1875, relative à l'organisation du Sénat. (Les art. 8 et 9 seuls sont encore en vigueur).

3° Loi du 16 juillet 1875, sur les rapports des pouvoirs publics. (Le § 3 de l'art. 1 a été abrogé).

4° Loi du 14 août 1884, portant révision des lois constitutionnelles.

**II. — Lois organiques, relatives aux pouvoirs publics**

Pouvant être modifiées par une loi ordinaire :

1° Lois : du 2 août 1875 ; du 9 décembre 1884 ; du 26 décembre 1887 ; du 10 avril 1889 : relatives à l'organisation du Sénat.

2° Lois du 30 novembre 1875 ; du 5 avril 1884, art. 14 ; du 13 février 1889 ; du 17 juillet 1889 : relatives à l'organisation de la Chambre des députés.

3° Décret organique du 2 février 1852 ; décret réglementaire du même jour : sur l'élection des députés.

4° Loi du 22 juillet 1879, relative au siège du pouvoir exécutif et des Chambres.

# TROISIÈME PARTIE

## Organisation des Pouvoirs publics.

La souveraineté nationale, avons-nous dit, est le droit qu'a un peuple de choisir sa constitution et, en particulier, sa forme de gouvernement.

Autrefois, chez les peuples qui admettaient le principe de la souveraineté nationale, l'exiguité de l'État permettait à la nation, d'abord d'exercer elle-même le pouvoir constituant dans son intégrité, et même de se gouverner directement. Nous trouvons des exemples du gouvernement direct dans les ré-publiques grecques et romaine. Encore fallait-il, à des intervalles rapprochés, nommer les magistrats qui exerçaient les fonctions publiques.

Aujourd'hui, les États sont trop étendus pour que la nation exerce elle-même le pouvoir constituant, ou se gouverne directement. Le peuple doit donc choisir des mandataires qui le représenteront et qui exerceront pour lui, le droit de rédiger la constitution d'un côté, les fonctions gouvernementales de l'autre. Le système *représentatif* suit donc désormais, comme une conséquence nécessaire et immé-

***

diate, l'adoption du principe de la souveraineté nationale.

A qui le peuple confiera-t-il l'exercice de ses droits ?

Les pouvoirs seront-ils réunis en une seule main, ou faudra-t-il les séparer ? Si l'on adopte le principe de *la séparation des pouvoirs*, quels seront les divers *pouvoirs* ?

Voici le tableau général de l'organisation des pouvoirs publics.

Titre préliminaire. — Notions préalables.

    Chapitre I. — Système représentatif.

    Chapitre II. — Séparation des pouvoirs.

Titre I. — Pouvoir constituant.

Titre II. — Pouvoirs constitués.

    Chapitre I. — Pouvoir législatif.

    Chapitre II. — Pouvoir exécutif.

Titre III. — Résumé de la constitution française actuelle.

# TITRE PRÉLIMINAIRE.

## NOTIONS PRÉALABLES.

Etudions les deux principes du *système représentatif* et de la *séparation des pouvoirs*.

# CHAPITRE I.

### SYSTÈME REPRÉSENTATIF.

Le *système représentatif* est le mode de constitution dans lequel la nation se choisit des représentants chargés d'exercer ses droits. Il est né de l'impossibilité où se trouve un grand peuple de participer directement à l'exercice du pouvoir. En dehors de la difficulté matérielle de réunir beaucoup de citoyens, il faut admettre aussi que la plupart d'entre eux n'ont ni le temps suffisant, ni les aptitudes requises pour la confection des lois et l'administration d'un pays. Aussi les peuples modernes ont-ils repoussé l'objection de Rousseau, qui proclamait la représentation incompatible avec la souveraineté nationale.

C'est par l'*élection* que le peuple choisit ses représentants.

Il faut étudier successivement les trois organes que le système représentatif met en jeu : les *électeurs*, les *éligibles*, et la *représentation* elle-même.

## SECTION I.

### ÉLECTEURS.

*Sommaire :* — Conditions de capacité de l'électeur. Modes d'élection.

#### § 1. — Conditions de capacité des électeurs.

Ces conditions sont très variables de peuple à

peuple, et, chez un même peuple, d'époque à époque.

### I. — Condition d'âge.

En France, aujourd'hui, comme sous la constitution de 1791, l'âge requis pour exercer ses droits électoraux est fixé à 21 ans accomplis.

A certaines époques, en 1831, par exemple, cet âge avait été reculé jusqu'à 25 ans.

D'autres pays ont adopté l'âge de 25 ans : Espagne, Roumanie, Brésil.

En Danemark, l'âge de 30 ans est exigé.

### II. — Condition de cens.

Souvent la loi électorale subordonne la capacité politique à un chiffre de fortune constaté par le recensement, et appelé cens électoral.

### III. — Condition de domicile.

La capacité électorale est en général subordonnée à la condition d'un domicile, plus ou moins prolongé, au lieu d'exercice des droits politiques.

### IV. — Condition d'instruction.

La constitution de l'an III exigeait que l'électeur sût lire et écrire.

Cette condition est encore aujourd'hui exigée en Italie.

**V. — Condition de sexe.**

A. — En général, la loi constitutionnelle n'accorde le titre d'électeur qu'aux *hommes*. La vie publique a semblé peu conciliable : d'un côté, avec la modestie et la réserve imposées à la femme par les mœurs modernes; d'un autre côté, avec la condition de la femme mariée, astreinte aux soins du ménage et soumise à l'autorité maritale.

Une certaine agitation s'est produite dans ces derniers temps pour réclamer l'émancipation de la femme, et spécialement pour lui conquérir le droit de vote. Les partisans de l'égalité des deux sexes ont fait observer que la femme avait une culture intellectuelle suffisante pour lui obtenir la participation à la vie publique. Leur principal argument, que les femmes, contribuant aux charges de l'État, doivent être appelées à les consentir et à les contrôler, militerait seulement en faveur de celles qui supportent personnellement des impôts.

B. — *France*. — Aucun de ces motifs n'a pu décider le législateur à concéder le droit de vote aux femmes.

C. — A l'étranger, des concessions ont été faites :

*Angleterre*. — MM. Disraeli et Gladstone ont pris l'initiative du mouvement d'émancipation : les femmes non mariées prennent part aux élections municipales.

*Autriche.* — Les femmes qui possèdent de grandes propriétés foncières votent par procuration.

*Irlande.* — Les femmes non mariées sont élec-teurs.

*Pensylvanie.* — Les femmes ont les mêmes droits que les hommes dans quelques élections d'ordre scolaire.

### VI. — Incapacités, indignités, incompatibilités.

On peut, en thèse générale, trouver dans une constitution :

Des *incapacités,* comme celle des interdits judi-ciaires, c'est-à-dire des interdits pour cause de démence.

Des *indignités,* comme celles de certains condam-nés, des faillis non réhabilités.

Des *incompatibilités :* l'exercice du droit de vote, incompatible, par exemple, avec la condition du militaire sous les drapeaux.

### § 2. — Modes d'élection.

L'élection des représentants du peuple se fait :

Au suffrage *restreint* ou au suffrage *universel;*

*Directement* ou *indirectement;*

Au vote *secret* ou au vote *public.*

**Première division.** — *Élection au suffrage* RES-TREINT *ou au suffrage* UNIVERSEL.

## I. — Élection au suffrage restreint.

A. — Le droit de suffrage a été souvent soumis à des conditions de fortune, de domicile, qui le res-treignent à certaines catégories de personnes.

On appelle *censitaires* ceux qui doivent à leur fortune le droit de suffrage. Tantôt le chiffre de cette fortune est constaté directement par le cens, comme cela se faisait à Rome, pour les comices par centuries; tantôt la fortune des personnes est réputée proportionnelle au chiffre d'impôts payé par elles.

On a appelé *capacités* les personnes auxquelles le droit de suffrage est accordé en considération de leurs fonctions, de leur savoir, etc.

B. — L'élection au suffrage restreint met la direction des affaires publiques aux mains de ceux qui possèdent et de ceux qui savent.

Ce mode garantit la sagesse et la modération de l'électeur.

C. — En France, le droit de suffrage a été plusieurs fois restreint.

1789. — Est électeur tout citoyen, âgé de vingt-cinq ans, imposé et domicilié.

La constitution de 1791 se contenta d'abaisser l'âge requis à vingt-et-un ans.

La royauté, en 1814 et en 1830, accorda le droit d'élire à ceux qui payaient un cens déterminé, donc aux censitaires. Certaines capacités s'y adjoignirent en 1831 : furent aussi électeurs, à partir de cette époque, par exemple, les membres de l'Institut, avec un cens de 100 francs seulement.

La fameuse loi du 31 mai 1850 restreignait le suffrage universel, en exigeant de l'électeur un domicile de trois ans, condition qui supprima du coup plus de deux millions d'électeurs.

### II. — Élection au suffrage universel.

A. — Dans ce mode d'élection tout citoyen est électeur, sans condition de fortune ou de capacité spéciale.

L'adoption du suffrage universel repose sur cet argument que tout citoyen, contribuant aux dépenses publiques, a par là même le droit de consentir les charges qu'on lui impose et de contrôler l'emploi des fonds alloués.

B. — Le suffrage universel est une arme redoutable. Si elle évite parfois les révolutions, elle est une cause permanente d'instabilité gouvernementale, aux mains des peuples que leur éducation privée et politique n'a pas encore façonnés à la manier sans danger.

C. — En France, c'est la Constitution de 1793 qui

établit le suffrage universel, mais il disparut dès l'an VIII, et ne fut rétabli qu'en 1848.

Depuis cette époque, il n'a subi qu'une éclipse, lors de la loi déjà citée du 31 mai 1850.

Lorsque Louis-Napoléon l'eut abrogée, le suffrage universel reparut dans son intégrité.

Il n'a plus été restreint depuis.

D. — A l'étranger, nombre d'États sont pays de suffrage universel. Citons : l'Allemagne, la Suisse, le Danemark.

La Belgique, l'Italie sont encore des pays censitaires.

L'Espagne, qui avait adopté le suffrage universel en 1869, est revenue au régime censitaire, avec adjonction de capacités.

E. — On peut prévoir une combinaison du suffrage restreint avec le suffrage universel : tout en respectant le droit de chaque citoyen, elle donnerait une influence prépondérante aux plus dignes. — C'est ainsi qu'on a proposé de donner un suffrage *plural* : aux plus imposés, aux censitaires, aux capacités, aux pères de famille, etc. Le suffrage de chacun de ceux-ci compterait pour plusieurs voix.

**Deuxième division.** — *Élection* INDIRECTE OU DIRECTE.

**I. — Élection indirecte.**

A. — L'élection *indirecte* est celle qui se fait *à plusieurs degrés*.

L'élection indirecte se fait de deux manières : tantôt les électeurs primaires, c'est-à-dire du premier degré, nomment des délégués, chargés de choisir les représentants de la nation; tantôt ce sont des assemblées locales qui nomment les délégués. Dans les deux cas, les délégués sont les électeurs du second degré.

L'élection peut d'ailleurs se faire à deux degrés seulement, ou à plus de deux degrés.

La théorie de l'élection indirecte a été soutenue par Royer-Collard, par Guizot; elle a pris le nom de théorie *doctrinaire*.

B. — De sérieux arguments sont invoqués en faveur de l'élection à plusieurs degrés.

Tout en permettant à chaque citoyen de participer à la vie publique, elle remet le choix des représentants aux plus intelligents, aux plus influents, aux plus éclairés : le choix n'en saurait être que meilleur.

Ce mode est surtout excellent au début d'un peuple dans la vie politique.

C. — En France, ce mode a été mis plusieurs fois en vigueur : d'abord en 1789, en 1791.

Sous le Consulat et sous l'Empire, les électeurs nommaient le collège électoral d'arrondissement, lequel nommait les notables départementaux ; ceux-ci, à leur tour, élisaient des notables nationaux, parmi lesquels le Sénat choisissait les députés.

De 1815 à 1817, chaque collège d'arrondissement dresse une liste de candidats. Le collège de département choisit sur cette liste la moitié de la représentation nationale, l'autre moitié étant laissée au choix direct du même collège. Nous trouvons donc ici la combinaison des deux modes direct et indirect.

Nous retrouverons tout-à-l'heure l'élection à deux degrés, dans le recrutement du Sénat français actuel.

D. — Peu de pays ont adopté le mode indirect : la Bavière, est du nombre de ceux qui l'admettent.

En Prusse, les électeurs primaires sont divisés en trois sections, suivant le chiffre d'impôts payés par eux. Chaque section nomme un tiers des électeurs secondaires ; ces derniers choisissent les représentants.

**II. — Élection directe.**

A. — L'élection *directe* est l'élection *à un seul degré*.

B. — La théorie de l'élection directe, a pris le nom de théorie *radicale*.

Les arguments ne manquent pas en sa faveur, en particulier l'avantage d'associer directement et d'intéresser chaque citoyen à la vie publique ; ce qui suppose toutefois une certaine éducation politique, et fait de ce mode l'apanage des sociétés arrivées à leur entier développement.

A quoi bon, ajoute-t-on, employer l'élection indirecte ? N'aboutit-elle pas à l'élection directe ? Ou bien l'électeur primaire nomme l'électeur secondaire, en prévoyant le choix que celui-ci fera, et dès lors c'est comme s'il élisait lui-même ; ou bien il n'a pas cette prévision, et s'abstient alors de voter.

Remarquons d'ailleurs que les deux modes peuvent-être cumulativement en usage chez un même peuple : nous verrons fonctionner, en France spécialement, l'élection à deux degrés pour la Chambre haute et l'élection directe pour la seconde Chambre.

C. — Historiquement, l'élection directe a été usitée en France depuis 1817 (sauf l'exception déjà indiquée pour le Sénat actuel). — En Angleterre, elle fut de tout temps en usage.

**Troisième division.** — *Élection au vote* SECRET *ou au vote* PUBLIC.

**I. — Élection au vote secret.**
Lui seul assure une pleine indépendance à l'élec-

teur. Avec le vote secret, celui-ci ne subit ni pression, ni intimidation. Ce mode d'élection est donc le seul sincère.

En France, le vote a toujours été secret, et l'on a toujours cherché les moyens les plus propres à en garantir la sincérité.

Aux États-Unis, il en est de même.

L'Angleterre a également admis le principe du vote secret. Toutefois, depuis 1872, chaque électeur reçoit un bulletin, détaché d'un registre à souche, qui peut le faire retrouver, quand l'élection est contestée.

### II. — Élection au vote public.

Voici les arguments invoqués en sa faveur : — Le vote, comme toute autre fonction de la vie publique, doit se produire au grand jour; — L'électeur doit avoir le courage de son opinion.

Le vote est public :

En Prusse, en Autriche, en Danemark, en Hongrie.

### SECTION II.

#### ÉLIGIBLES.

Deux questions à résoudre :

1º Qui pourra être mandataire du peuple? — C'est la question *d'éligibilité*; en comprenant ce mot dans le sens général d'aptitude à siéger au Parlement.

2° De quelle manière seront choisis les mandataires?
— C'est la question du *mode d'élection*.

### § 1. — Eligibilité.

Pour que le candidat puisse siéger, il faut d'abord qu'il réunisse les *conditions de capacité* exigées par la loi constitutionnelle; ensuite qu'on ne lui oppose ni *l'inéligibilité*, ni *l'incompatibilité*.

### I. — Conditions de capacité.

Les conditions exigées du candidat sont relatives : à sa nationalité; à son âge; à son domicile; au cens d'impôts payés par lui, etc. — L'absence de ces conditions entraine la nullité de l'élection.

### II. — Inéligibilité.

L'*inéligibilité* est l'inaptitude à être élu. — Elle entraine donc aussi la *nullité* de l'élection.

### III. — Incompatibilité.

L'*incompatibilité* est la défense faite à l'élu de remplir son mandat, cumulativement avec une autre fonction. — Elle entraine la nécessité pour lui d'*opter* entre les deux fonctions.

L'inéligibilité et l'incompatibilité suivent des règles très variables suivant les diverses constitutions, et suivant les fonctions conférées à l'élu. Nous renvoyons donc sur ces deux points aux développements fournis plus loin sur les Pouvoirs publics.

## § 2. — Modes d'élection.

Les représentants sont élus, soit au *scrutin* DE LISTE, soit au *scrutin* UNINOMINAL

### I. — Scrutin de liste.

A. — Dans ce mode de scrutin, le pays est divisé en grandes circonscriptions électorales, ayant chacune plusieurs représentants à nommer, en départements, par exemple. L'électeur remet donc une liste contenant autant de noms qu'il doit y avoir de représentants dans sa circonscription. Si le département a cinq députés, chaque liste d'électeur contiendra cinq noms.

B. — Au point de vue abstrait, le scrutin de liste se rapproche de l'idéal, qui serait de n'avoir qu'une liste pour le pays tout entier.

Au point de vue pratique : — Le scrutin de liste donne une base solide au gouvernement, parce que l'Assemblée ainsi élue est la représentation de la majorité des citoyens; — D'un autre côté, la personne de l'élu disparaît aux yeux de l'électeur, qui voit seulement le principe représenté par lui.

C. — Mais on a fait de graves reproches à ce mode

de votation : — Avec lui, d'abord, ce sont les comités électoraux, composés d'hommes remuants, qui font élire des représentants inconnus aux électeurs; ces comités placent en tête de leur liste un nom en vedette, qui fait passer la liste entière derrière lui. — En outre, les minorités demeurent sans représentation (sauf toutefois dans les ballotages). Il peut arriver, en effet, que dans un département, une opinion ait la majorité dans un arrondissement, tout en ayant la minorité dans le département : avec le scrutin uninominal, elle aurait eu un représentant, avec le scrutin de liste, elle n'en aura pas.

D. — En l'an III, apparut le scrutin de liste : les électeurs primaires nommaient le collège électoral du second degré au scrutin de liste.

Sous la Restauration, jusqu'en 1820, il y eut aussi un scrutin de liste.

Le scrutin de liste reparut de 1848 à 1852.

En 1871, l'Assemblée nommée pour faire la paix, fut élue au scrutin de liste.

La loi du 19 mai 1873 ayant rétabli le scrutin d'arrondissement et la loi organique du 30 novembre 1875 l'ayant maintenu, Gambetta fit en 1881 une proposition inutile en faveur du scrutin de liste. Elle n'aboutit qu'après sa mort par la loi du 16 juin 1885, restée en vigueur jusqu'au 13 février 1889.

**II. — Scrutin uninominal.**

A. — Dans ce mode de scrutin, le pays est divisé en petites circonscriptions électorales, ayant chacune un seul représentant, en arrondissements, par exemple. L'électeur n'inscrit donc qu'un nom sur son bulletin de vote.

B. — Avec le scrutin uninominal ou individuel : — Ce sont les électeurs eux-mêmes qui choisissent un représentant connu d'eux et ayant leur confiance ; — Les minorités ont un représentant dans chaque circonscription où elles se trouvent en majorité.

C. — Mais nombreux sont aussi les griefs contre le scrutin uninominal : — Il donne une base moins large au gouvernement, l'intérêt local effaçant l'intérêt collectif dans l'élection ; — L'élu devient l'homme lige de l'électeur ; — Les hommes de valeur, mais sans influence locale, se trouvent mis à l'écart ; — Enfin, dit-on, ce mode d'élection favorise la corruption électorale.

D. — Le scrutin uninominal apparut de 1789 à 1791.

De 1852 à 1885, scrutin uninominal (sauf pour l'Assemblée nationale de 1871).

Depuis la loi du 13 février 1889, actuellement en

vigueur, les députés sont nommés au scrutin d'arrondissement.

On voit combien les fluctuations entre le scrutin de liste et le scrutin uninominal ont été fréquentes dans notre pays, depuis l'introduction du système représentatif.

## SECTION III.

### LA REPRÉSENTATION.

La représentation du peuple par ses élus doit présenter un double caractère : 1° *indépendance de l'élu;* 2° *proportionnalité de la représentation.*

### § 1. — Indépendance de l'élu.

A. — Une fois nommé l'élu est indépendant de l'électeur, jusqu'à une nouvelle élection.

L'élu est le représentant de la nation et de l'intérêt collectif, non pas le représentant d'intérêts particuliers.

L'élu est un fonctionnaire public, qui doit tout sacrifier à l'intérêt de la nation.

B. — L'indépendance de l'élu entraîne deux conséquences pratiques :

1° L'élu n'a point de mandat à recevoir de ses électeurs; il n'est pas ce qu'on appelle un mandataire, dans le sens usuel du mot : donc point de

mandat *impératif;* aucun pays libre, du moins parmi
les États unitaires, ne l'admet. — En particulier
l'art. 13 de notre loi organique du 30 novembre
1875 déclare le mandat impératif « nul et de nul
effet. » La sanction serait plus effective, si l'acceptation prouvée d'un mandat impératif entraînait la
nullité de l'élection.

Tout engagement du représentant est sans valeur
aucune : celui-ci ne saurait s'engager d'avance, ni
à voter irrévocablement dans un sens donné, ni à
donner sa démission sur l'injonction des électeurs ;
une fois nommé, il relève de sa conscience seule et
non d'électeurs, qui cessent de former une personnalité, dès que l'élection est terminée

2° L'élu n'a pas à en référer à ses électeurs, lorsqu'il doit prendre une décision. Il est un représentant auquel ses électeurs ont remis les destinées du
pays, pour toute la durée de ses fonctions. C'est à
lui à donner loyalement sa démission, lorsqu'il se
croit en désaccord avec ses électeurs, sauf à solliciter de nouveau leurs suffrages.

§ 2. — Proportionnalité de la représentation.

Ici se présente une des plus grosses difficultés du
système représentatif. S'il est de son essence que l'Assemblée élue soit la représentation de la majorité nationale, l'équité veut pourtant que les minorités y aient

une représentation proportionnée à leur importance.

La *proportionnalité* de la représentation est la répartition du total des membres de l'Assemblée, au prorata des nombres d'électeurs d'opinions différentes.

Comment y arriver?

Avec le scrutin uninominal, nous avons vu que les minorités se trouvent représentées, dans chacun des arrondissements où elles se trouvent en majorité : la proportionnalité est donc obtenue en principe. Il peut arriver en fait que, les minorités n'étant supérieures en nombre dans aucune circonscription, soient laissées sans représentants.

Avec le scrutin de liste, le principe même de la proportionnalité est violé, les minorités n'ayant de chances sérieuses de l'emporter que dans les ballotages. On a cherché à remédier à ce défaut du scrutin de liste, et de nombreux systèmes, souvent fort compliqués, ont été proposés.

1. — *Système Andræ*, dit système du *quotient électoral*. — Danemark, depuis 1855.

Supposons 1.000 votants, dans une circonscription ayant 5 députés à nommer. Le quotient électoral, c'est-à-dire le nombre de voix exigé pour être élu, est le quotient du nombre des électeurs par celui des députés : $\frac{1.000}{5} = 200$ voix.

Chaque électeur inscrit cinq noms, par ordre de préférence. — On dépouille le scrutin, en ne prenant que le premier nom de chaque bulletin. — Dès qu'un candidat a réuni 200 voix, il est élu.

Ce système, qui suppose un grand sens politique chez les électeurs, donne malheureusement des résultats très différents, suivant que le dépouillement commence par tels ou tels bulletins.

II. — *Système Borie*, dit système des *listes de partis*.

Chaque comité publie sa liste; l'électeur en choisit une.

On attribue alors à chaque liste un nombre de représentants proportionnel au nombre de voix qu'elle a obtenues.

Ce système est un de ceux qui assurent le plus la représentation des minorités.

III. — *Système Bailye*, dit de *réversibilité*.

Supposons 60.000 électeurs et 3 représentants. Le nombre de voix exigé pour être élu : $\dfrac{60.000}{3} = 20.000$.

Chaque *candidat* publie sa liste de réversibilité, dans laquelle il inscrit les noms de ses cocandidats, dans l'ordre de ses préférences.

Chaque *électeur* inscrit un seul nom sur son bulletin.

Lorsqu'un candidat a réuni 20.000 voix, il est élu; mais les voix qu'il a obtenues au-dessus de 20.000 se réversent sur le candidat qu'il a inscrit en tête de sa liste.

Supposons les trois listes suivantes :

| LISTE | | |
|---|---|---|
| DE PRIMUS | DE SECUNDUS | DE TERTIUS |
| Tertius. | Primus. | Secundus. |
| Secundus. | Tertius. | Primus. |

Si Primus obtient 35.000 voix, 15.000 se réversent sur Tertius, qu'il a mis en tête de sa liste.

Si Tertius obtient 30.000 voix, 10.000 se reverseront sur Secundus, mis en tête de la liste de Tertius.

Système ingénieux, mais arbitraire.

IV. — *Système Hare*, ou système du *vote uninominal sur liste unique*.

On dresse une seule liste pour tout le pays.

Chaque électeur n'inscrit qu'un nom sur son bulletin.

Les élus sont classés suivant le total des voix obtenues par chacun d'eux.

Ce système, d'application fort simple, aurait un double inconvénient : — il créerait d'abord des inégalités choquantes entre les élus : l'un pourrait se trouver nommé par cent mille voix, alors qu'un autre n'en aurait obtenu que mille; — en outre, les minorités auraient parfois des représentations démesurées.

V. — *Système* du *vote cumulatif.*

Chaque électeur a le droit d'inscrire le même nom autant de fois qu'il le veut : s'il y a trois représentants à élire, l'électeur peut inscrire deux ou trois fois le même candidat.

Ce système, très simple également, suppose que les électeurs ont une grande connaissance de l'état des divers partis : si la majorité se croit moins forte qu'elle ne l'est, elle réunira ses voix sur un petit nombre de candidats, et aura moins de représentants qu'il ne lui en est dû; à l'inverse, les minorités bien disciplinées, sûres d'avoir des représentants, en auront peut-être trop.

VI. — *Système* du *vote limité.* — Angleterre, 1867; Italie; Portugal.

Chaque électeur inscrit sur son bulletin moins de noms qu'il n'y a de représentants à élire, deux, par exemple, s'il doit y avoir trois députés.

Supposons, sur 60.000 électeurs, 40.000 wighs et 20.000 tories : les wighs, ayant 80.000 voix, (à deux voix par électeur), peuvent faire passer deux candidats ; les tories, ayant 40.000 voix, peuvent en faire passer un : la minorité est proportionnellement représentée.

Le système anglais suppose qu'il n'y a pas plus de deux partis en présence. — Il peut d'ailleurs conduire à un défaut absolu de proportionnalité. Si les wighs pensent qu'ils ont 45.000 adhérents, et que les tories en ont 15.000, ils vont se diviser, et essayer de faire passer trois des leurs ; s'ils se trompent et ne sont que 40.000, peut-être n'auront-ils qu'un député. Peut-être, en cas d'une erreur semblable, la minorité n'aura-t-elle aucun représentant.

VII. — *Système particulier à l'Espagne.*

L'Espagne a adopté le système du vote limité, en y ajoutant la réserve de quelques sièges aux candidats qui ont obtenu le plus de voix perdues.

## CHAPITRE II.
### SÉPARATION DES POUVOIRS.
#### § 1. — Principe de la séparation des pouvoirs.

Le principe de la *séparation des pouvoirs,* fondamental dans la vie de nos sociétés, est une conquête des temps modernes.

Quels sont les différents pouvoirs qu'il importe de distinguer les uns des autres et de renfermer chacun dans sa sphère spéciale d'attributions?

Nous avons déjà distingué le pouvoir *constituant* des pouvoirs *constitués*.

Reste à subdiviser les pouvoirs constitués.

En théorie pure, les pouvoirs constitués devraient se diviser en : pouvoir *législatif*, qui fait la loi ; pouvoir *exécutif*, qui en assure l'exécution.

Le pouvoir exécutif se subdiviserait lui-même en : pouvoir *administratif*, surveillant l'exécution des lois, et pouvoir *judiciaire*, tranchant les questions contentieuses soulevées par l'application des lois.

Voici donc le tableau théorique :

Pouvoir constituant.

Pouvoirs constitués. { Pouvoir législatif.
Pouvoir exécutif. { Pouvoir administratif.
Pouvoir judiciaire.

En pratique, on a, de même que Montesquieu, dans son *Esprit des lois*, divisé les pouvoirs constitués en : pouvoir *législatif*, pouvoir *exécutif* et pouvoir *judiciaire*. — Le législatif fait la loi ; l'exécutif veille à son exécution ; le judiciaire tranche les procès.

On voit que, dans la division adoptée, le pouvoir judiciaire est un pouvoir distinct, placé sur le même rang que le législatif et l'exécutif. — Notons qu'en

**

outre, dans cette division pratique en trois pouvoirs, le pouvoir administratif fait partie intégrante du pouvoir exécutif.

Quels motifs ont déterminé Montesquieu et ses imitateurs à faire du pouvoir judiciaire un troisième pouvoir constitué?

S'il est vrai d'abord que toute justice émane du chef de l'État, il n'en est pas moins vrai que le pouvoir exécutif délègue définitivement la justice au corps judiciaire.

D'ailleurs en faisant le pouvoir judiciaire l'égal des deux autres, on augmente et l'indépendance nécessaire à la magistrature et la sécurité des justiciables.

### § 2. — Historique.

Le principe de la séparation des pouvoirs a eu des adversaires déclarés, parmi lesquels on peut citer Bentham, Rousseau et Louis Blanc. Le pouvoir, disaient ces partisans de l'abstrait, doit être un, puisque la volonté nationale est une. Ils craignaient l'impuissance résultant de la contradiction possible entre les trois pouvoirs, ajoutant que d'ailleurs l'un d'eux a toujours le dernier mot et devient le pouvoir souverain.

La constitution de 1791 adopta le principe de la séparation, qui fut ensuite reproduit dans la constitution de 1848.

Le pouvoir judiciaire est mentionné sous cette désignation dans la première de ces deux constitutions, de même que dans celle de l'an III.

### § 3. — Exceptions au principe de la séparation des pouvoirs.

Le principe de la séparation des pouvoirs subit quelques exceptions, les unes justifiées, les autres regrettables.

I. — Le pouvoir *législatif* a parfois des attributions exécutives ou judiciaires.

Les ministres étant choisis parmi les membres de la majorité, on peut dire que c'est cette majorité qui gouverne.

Le Sénat juge le Président de la République et les ministres accusés de haute trahison.

II. — Le pouvoir *exécutif* participe en certains cas à la puissance *législative*. — Par exemple :

Le gouvernement a l'initiative des lois, tantôt exclusive (an VIII, 1814), tantôt partagée avec les Chambres (1830, 1875).

La sanction de la loi lui est réservée, comme en 1814.

Il peut avoir un droit de *veto* suspensif, comme en 1791.

Il a le droit de demander une seconde délibération,

avant la promulgation d'une loi (L. 16 juill. 1875, art. 7-2°).

— Le droit accordé au Président de la République de dissoudre la Chambre des députés, lui donne un énergique moyen d'action sur le pouvoir législatif.

III. — Le pouvoir *exécutif* a souvent certaines attributions judiciaires. — Exemples :

Jusqu'en 1848, et de 1852 à 1872, les arrêts contentieux du Conseil d'État n'étaient que des avis donnés au chef du pouvoir exécutif ; celui-ci pouvait les modifier. On pouvait donc dire que le pouvoir exécutif retenait, en dernier ressort, la justice administrative. Cette anomalie a disparu depuis que le Conseil d'État a un pouvoir propre, et que ses arrêts sont des décisions valables par elles-mêmes.

— La juridiction contentieuse des ministres, juges en matière administrative, est l'objet des plus vives critiques.

— La présidence du tribunal des conflits par le ministre de la justice est encore un empiètement du pouvoir exécutif sur le pouvoir judiciaire.

La séparation des pouvoirs une fois admise, il reste à étudier les différents pouvoirs.

Disons toutefois que l'organisation du pouvoir judiciaire a été exclue du cadre du droit constitutionnel, et fait partie du cours de Procédure civile.

# TITRE I.

## POUVOIR CONSTITUANT.

Remarquons, avant tout, que le mot pouvoir constituant prend ici le second des deux sens que nous lui avons donné, dans notre première partie (V. p. 4). Il signifie, non pas le droit de choisir la constitution, mais l'ensemble des fonctionnaires chargés de rédiger la constitution.

La nation, tout en étant maîtresse de sa constitution, ne peut, avons-nous dit, la faire elle-même. Elle se fera donc, en principe, représenter, et confiera à ses mandataires l'exercice du pouvoir constituant. C'est la première application du système représentatif.

Qui représentera la nation?

Le pouvoir constituant doit être organisé, soit pour la *confection*, soit pour la *révision* de la constitution.

## CHAPITRE I.

### ORGANISATION DU POUVOIR CONSTITUANT, POUR LA CONFECTION DE LA CONSTITUTION.

Rappelons les principes que nous avons déjà exposés, dans les notions sur les constitutions en général.

### A. — Rédaction de la constitution.

La plupart du temps, le pouvoir constituant sera exercé par voie de *délégation* : — soit par une assemblée spéciale, qualifiée constituante; — soit par les pouvoirs constitués actuellement en exercice.

D'autres fois, — mais nous sortons ici du système représentatif, pour entrer dans le régime dictatorial, — la nation sanctionnera seulement, dans un plébiscite, par voie de *ratification*, une constitution rédigée, sans mandat, par le détenteur actuel du pouvoir.

### B. — Historique.

La France a vu les trois modes fonctionner successivement.

Les États généraux convoqués par la royauté, en 1789, se déclarèrent constituants et firent la célèbre constitution de 1791, en lui donnant pour préambule la Déclaration des droits de l'homme et du citoyen.

La Convention fit la constitution de l'an III.

Après le coup d'État du 18 brumaire an VIII, le premier consul rédigea la constitution de l'an VIII.

Louis XVIII concéda à ses sujets la Charte de 1814; Louis-Philippe accepta celle de 1830, ou plutôt celle de 1814 révisée par la Chambre en exercice.

La constitution républicaine de 1848 fut faite par la Constituante spécialement nommée dans ce but.

Celle de 1852, œuvre du prince Louis Bonaparte, suivit le coup d'État du 2 décembre 1851.

Nous avons indiqué, dans notre deuxième Partie, les origines de la constitution actuelle (V. p. 24).

## CHAPITRE II.

### ORGANISATION DU POUVOIR CONSTITUANT, POUR LA RÉVISION DE LA CONSTITUTION.

Il faut se placer évidemment dans l'hypothèse où la constitution prévoit la révision (V. p. 13), puisque c'est la seule hypothèse où la procédure de la révision soit réglée d'avance.

Étudions les principales constitutions qui ont prévu la révision.

### SECTION I.

#### RÉVISION DE LA CONSTITUTION EN FRANCE.

La révision a été prévue par l'art. 8 de la loi du 25 février 1875, relative à l'organisation des pouvoirs publics.

##### § 1. — Qui peut demander la révision.

Pendant le septennat du maréchal de Mac-Mahon, lui seul pouvait demander la révision (art. 8-4°).

Depuis la démission du maréchal, le droit de provoquer la révision est partagé entre le Président de la République et les Chambres; chacune de celles-ci a le droit, par délibération séparée, prise à la majorité absolue des voix, soit spontanément, soit sur la demande du Président de la République, de déclarer qu'il y a lieu de reviser la constitution (art. 8-1°).

La révision ne se fait que lorsque les deux Chambres ont pris l'une et l'autre la résolution dont nous venons de parler

### § 2. — Procédure de la révision.

1° Le Président de la République convoque le Congrès ou Assemblée nationale, qui se compose des deux Chambres réunies. — Le président et le bureau du Sénat servent de président et de bureau au Congrès (L. 16 juil. 1875, art. 11-2°).

2° Le Congrès se réunit, au jour fixé par le président du Sénat, à Versailles, à l'ancienne Chambre des députés (L. 22 juil. 79, art. 3-2°. Cette loi n'a pas le caractère constitutionnel ; c'est une loi ordinaire).

3° Les projets de révision sont renvoyés aux bureaux du Congrès. — Une commission est nommée. — L'urgence peut être déclarée.

4° Les décisions sont prises à la majorité absolue. Sur ce point on s'est demandé de quel nombre il fallait obtenir la majorité. En 1830, on avait pris la majorité du nombre des membres vivants de l'Assemblée. Aujourd'hui, comme en 1848, on demande

la majorité du nombre des membres composant
l'Assemblée nationale (L. 25 juill. 1875, art. 8-3°).

## § 3. — Pouvoirs du Congrès.

**Première hypothèse.**— Les résolutions des Chambres, autorisant la convocation du Congrès, portaient seulement : il y a lieu à *révision.*

Cette formule générale permet au Congrès de faire porter la révision sur toute la constitution. — Il a cependant été formellement voté au Congrès de 1884, qu'en aucune hypothèse, l'Assemblée nationale n'avait droit de remettre en question la forme républicaine du gouvernement. Cette forme ne peut même pas faire l'objet d'une proposition de révision (L. 14 août 1884, art. 2-2°).

**Seconde hypothèse.** — Les résolutions des Chambres portaient : il y a lieu de *réviser tels et tels points* de la constitution.

En présence de cette formule restrictive, il a été admis que la révision devait être limitée aux points fixés, malgré les efforts de ceux qui refusaient, même en cette hypothèse, de limiter les pouvoirs du Congrès : il était, disaient-ils, maître de son ordre du jour, et ses pouvoirs ne pouvaient être restreints par des Chambres qui lui étaient inférieures.

Si le Congrès voulait sortir des limites qui lui ont

6

été assignées par la double résolution des Chambres, le président de l'Assemblée pourrait, soit poser la question préalable, soit refuser d'ouvrir la discussion. — Autres sanctions : la majorité du Sénat se retirerait, empêchant ainsi le *quorum* nécessaire ; enfin le Président de la République dissoudrait la Chambre des députés, avec l'assentiment du Sénat.

### § 4. — Réunions de Congrès faites en application de l'article 8.

I. — Le 22 juillet 1879 :

1° Fut repoussée : la proposition Barodet, réclamant la subordination du Sénat, la suppression du droit de dissolution, la permanence des Chambres.

2° Fut admise : la translation du siège du pouvoir exécutif et des Chambres, de Versailles à Paris.

(Remplacement de l'art. 9 de la loi constitutionnelle du 25 février 1875, article abrogé le 21 juin 1879).

II. — Le 14 août 1884, sur l'initiative de M. Jules Ferry, de nouvelles dispositions furent introduites dans le pacte national :

1° En cas de dissolution de la Chambre, les collèges électoraux sont réunis dans les *deux* mois (au lieu de trois), et la Chambre est réunie dans les dix jours qui suivront la clôture des opérations électorales (art. 1-2°).

2° Inéligibilité à la présidence de la République des

membres des familles ayant régné en France (art. 2-3°).

3° Suppression des prières publiques (art. 4).

4° Les dispositions relatives au recrutement du Sénat cessent de faire partie des lois constitution- nelles : une loi ordinaire réglera désormais les con- ditions de ce recrutement (art. 3).

## SECTION II.

### RÉVISION DE LA CONSTITUTION A L'ÉTRANGER.

I. — *Angleterre, Prusse, Espagne.*

L'initiative de la révision appartient à chaque branche du pouvoir.

C'est le pouvoir législatif ordinaire qui procède de lui-même à la révision.

II. — *États-Unis d'Amérique.*

Initiative aux deux Chambres.

La révision doit être demandée par une majorité des deux tiers : soit des membres des Chambres; soit des législatures des États confédérés.

La révision doit être consentie par une majorité des trois quarts des États confédérés (Const. 17 sept. 1787, art. V).

# TITRE II.

## POUVOIRS CONSTITUÉS.

La nation, qui n'exerce pas elle-même le pouvoir constituant, ne peut pas davantage gouverner directement. Elle se fait donc encore représenter par des mandataires, qui exercent les fonctions publiques constitutionnelles : ces mandataires composeront les pouvoirs publics. Nous les avons qualifiés pouvoir législatif, exécutif et judiciaire.

Nous étudions seulement l'organisation du pouvoir *législatif* et celle du pouvoir *exécutif*, puisque celle du pouvoir judiciaire ne fait point partie du droit constitutionnel.

## CHAPITRE I.

### POUVOIR LÉGISLATIF.

Avant de déterminer la *composition* et les *attributions* du pouvoir législatif, il faut traiter la question préalable du *nombre* des Chambres.

### SECTION I.

#### UNITÉ OU DUALITÉ DU POUVOIR LÉGISLATIF.

§ 1. — Systèmes proposés.

N'y aura-t-il qu'une seule Chambre, comme sous

la Convention, comme en 1848 et en 1871? — Y aura-t-il une Chambre haute avec la Chambre des députés?

**Premier système. — Dualité du pouvoir législatif.**

**A. — Causes qui justifient l'existence d'une Chambre haute.**

Elle peut être justifiée :

Soit par l'existence d'une aristocratie politique; comme en Angleterre, en France, en Autriche, et dans les autres États unitaires;

Soit par le besoin de contrebalancer l'influence de la seconde Chambre; comme aux États-Unis, en Suisse, et dans les autres États fédératifs.

**B. — Avantages de la dualité.**

1° Le mode spécial de recrutement de la Chambre haute appelle au pouvoir des hommes de grande valeur et maintient l'esprit de suite dans la politique de l'État.

2° La dualité est une garantie contre les surprises, les entraînements.

3° Elle engendre un état de tolérance et de modération favorable au maintien de la constitution.

**Second système. — Unité du pouvoir législatif.**

**A. — Argument invoqué en faveur de l'unité.**

Nous retrouvons ici, sous la plume de Sieyès, de Condorcet et des partisans de l'unité, le motif abs-

***

trait déjà invoqué contre le principe de la séparation des pouvoirs : la volonté nationale étant une, le pouvoir législatif doit présenter le même caractère.

**B. — Inconvénients de l'unité.**

1° Elle conduit au pouvoir absolu, arbitraire, tyrannique. On l'a bien vu sous la Convention.

2° Elle laisse sans solution les conflits fatals entre le pouvoir exécutif et la Chambre élue.

**C. — Garanties proposées dans le second système pour remplacer les avantages de la dualité.**

Les partisans de l'unité ont proposé :

1° Une triple lecture des lois (sauf en cas d'urgence), moyen employé en 1848 ;

2° La mission confiée au Conseil d'État de préparer les lois.

### § 2. — Historique.

**A. — En France.**

La Constituante de 1789, la Législative de 1791, la Convention de 1793, l'Assemblée nationale de 1848, celle de 1871, furent des Chambres uniques.

La constitution de l'an III institua les deux Chambres des Anciens et des Cinq-Cents.

Le Consulat, le premier et le second Empire eurent leur Sénat conservateur et leur Corps législatif (Chambre des députés).

Sous la Charte de 1814 et de 1830, le pouvoir législatif était partagé entre une Chambre des pairs et une Chambre des députés.

B. — A l'étranger, nous trouvons partout deux Chambres, sauf en Grèce, en Serbie, et au Montenegro.

## SECTION II.

### COMPOSITION DE LA CHAMBRE HAUTE.

Sommaire de la section II :

Modes de recrutement de la Chambre haute.
Recrutement du Sénat français.
Recrutement de la Chambre haute à l'étranger.

### § 1. — Modes de recrutement de la Chambre haute.

La qualité de membre de la Chambre haute peut être due à la *naissance*, aux *fonctions*, à la *nomination par le souverain*, à l'*élection*.

**1er. Mode de recrutement. — NAISSANCE.**

Ce mode fonctionne de deux façons :

Tantôt la naissance seule donne accès à la Chambre haute : en Angleterre, en Prusse, en Espagne.

Tantôt on choisit parmi ceux qui doivent leur aptitude à leur naissance : en Écosse, seize lords sont nommés par les pairs, 28 en Irlande.

**2e Mode de recrutement. — FONCTIONS.**

En France, sous le second Empire, les cardinaux

faisaient de droit partie du Sénat; de même, sous
le premier et le second Empire, en 1814 et en 1830,
les maréchaux et les amiraux.

En Angleterre, des archevêques et des évêques
font de droit partie de la Chambre des lords.

**3e Mode de recrutement. — NOMINATION PAR LE SOUVERAIN.**

Ce mode fut usité, en France, pendant les deux
Empires, et sous les deux Chartes. — Il fonctionne
encore en de nombreux pays, en Italie et en Portugal, par exemple.

La prérogative du souverain n'a pas toujours les
mêmes effets :

Quant au *choix*, tantôt il est libre, tantôt il ne
s'exerce qu'entre candidats présentés.

Quant au *nombre* des membres, il est parfois
*indéterminé :* en France, sous le premier Empire,
en 1814, en 1830; — il est parfois *limité :* en France,
sous le second Empire.

Quant à la *durée* du mandat, les fonctions de
membre de la Chambre haute sont : ou bien *à vie,*
comme celles des sénateurs du premier et du second
Empire; ou même *héréditaires,* comme celles des
pairs de 1814 et de 1830, comme celles des pairs
d'Angleterre.

**4e Mode de recrutement. — ÉLECTION.**

Les électeurs, dans un premier système, nomment

eux-mêmes les membres de la Chambre haute ; en Belgique, par exemple ; en Roumanie, où les plus imposés forment le corps électoral. — L'élection se fait alors au premier degré.

Un corps élu par les électeurs, dans un second système, nomme ces membres : en France, nous allons voir appliquer ce système ; on le trouve aussi en Suède, en Espagne. — L'élection se fait alors au second degré, ou même à plusieurs degrés.

## § 2. — Recrutement de la Chambre haute en France.

Voici les textes actuellement en vigueur :

1º Les articles 8 et 9 de la loi constitutionnelle du 24 février 1875. (Les sept premiers articles, qui avaient perdu leur caractère constitutionnel, en vertu de la loi du 14 août 1884, ont été abrogés le 9 décembre 1884. Les articles 10 et 11 n'étaient que transitoires). (Tripier, Lois constitutionnelles).

2º Les articles de la loi organique du 2 août 1875, sur les élections des sénateurs, qui n'ont pas été abrogés par la loi du 9 décembre 1884 (Tripier, supp., p. 820).

3º Loi du 30 novembre 1875, art. 8 et 9 (Tripier, p. 837).

4º La loi organique du 9 décembre 1884 (Tripier, supp., p. 1124).

5° Loi du 26 décembre 1887, concernant les incompatibilités parlementaires (Tripier, p. 1498).

### A. — Mode de recrutement adopté.

I. — Sous la constitution de l'an III, les électeurs nationaux nommaient le Conseil des Anciens. C'était une élection à plusieurs degrés.

II. — Sous le premier, le second Empire, en 1814, en 1830, le souverain nommait les sénateurs ou les pairs.

III. — A partir de la constitution de 1875, le principe de l'élection a prévalu pour le recrutement du Sénat français.

En 1875 : les 75 sénateurs inamovibles furent nommés par l'Assemblée nationale ; (ils furent ensuite remplacés par le Sénat lui-même). — Les 225 amovibles furent nommés à l'élection à deux degrés telle que nous allons la voir fonctionner.

IV. — Depuis 1884 : 1° Le Sénat se compose de 300 membres amovibles, élus par les départements et les colonies.

Les inamovibles, supprimés par la loi du 9 décembre 1884, ont disparu au fur et à mesure des décès.

Les sénateurs qui exerçaient leurs fonctions en 1884, conservèrent leur mandat, pendant le temps pour lequel ils avaient été nommés (L. 9 déc. 1884, art. 1).

Il ne doit plus rester que 300 sénateurs amovibles, choisis par une élection à deux degrés.

Les 300 sièges ont été répartis entre les départements. Quelques-uns des départements ont obtenu plus de sénateurs qu'ils n'en avaient auparavant; le sort a désigné les départements dont la représentation incomplète devait se parfaire à mesure du décès des inamovibles (L. 9 déc. 1884, art. 3).

2° Le corps électoral départemental qui nomme les sénateurs, comprend des membres *de droit* et des membres *élus*.

Les membres *de droit* sont :

Le président du tribunal civil du chef-lieu du département, président du corps électoral;

Les députés du département ;

Les conseillers généraux et les conseillers d'arrondissement du département.

Les membres *élus* sont :

Des délégués des conseils municipaux. — En 1875, les délégués, de 7 à 10 fois plus nombreux que les électeurs de droit, formaient ce que Gambetta nommait le grand conseil des communes; il s'ensuivait que les élections municipales prenaient un caractère politique. Aussi Gambetta proposa-t-il de proportionner le nombre des délégués à celui des électeurs de la commune. — Depuis 1884, le nombre des délégués est proportionnel à celui des membres de chaque conseil municipal (L. 9 déc. 1884, art. 6).

### B. — Conditions d'éligibilité.

Est éligible : tout Français, jouissant de ses droits civils et politiques, ayant quarante ans révolus (L. 9 déc. 1884, art. 4-1").

### C. — Inéligibilité.

L'*inéligibilité* détermine l'exclusion de la liste des éligibles d'abord ; en tout cas, elle rend l'élection nulle.

— Sont inéligibles *absolument* et partout :.

Les membres des familles qui ont régné en France (L. 9 déc. 1884, art. 4-2°).

Les militaires des armées de terre et de mer, sauf : les maréchaux et les amiraux, certains officiers généraux, les militaires de la réserve et de l'armée territoriale (L. 9 déc. 1884, art. 5).

— Sont inéligibles *relativement :*

Dans le département où ils exercent leurs fonctions, les fonctionnaires énumérés dans l'art. 21 de la loi du 2 août 1875.

— L'inéligibilité persiste pendant les six mois qui suivent l'exercice des fonctions.

### D. — Incompatibilités.

L'*incompatibilité* est l'interdiction de cumuler deux fonctions.

En 1875, l'incompatibilité des fonctions de sénateur avec d'autres fonctions publiques était excep-
tionnelle, et n'existait que pour les fonctions énumérées dans la loi : conseiller d'État, préfet, etc.
(L. 2 août 1875, art. 20).

La loi du 26 décembre 1887 a assimilé les sénateurs aux députés, en appliquant aux élections des
premiers les articles 8 et 9 de la loi du 30 novembre 1875. L'incompatibilité est devenue la règle : le
cumul n'est possible que pour les fonctions indiquées par le texte et que nous énumérerons en parlant des élections des députés.

— Nul ne peut être élu sénateur dans plus d'un
département. En cas d'élection multiple, l'élu doit
faire connaître son option, sinon la question est déci-
dée par la voie du sort (L. 2 août 1875, art. 22).

### E. — Procédure de l'élection.

1° L'élection se fait au chef-lieu du département.

2° Le bureau se compose : du président du tribunal civil ; des deux plus âgés et des deux plus jeunes
des électeurs présents. — Il choisit un secrétaire
parmi les électeurs (L. 2 août 1875, art. 12).

3° Le bureau répartit les électeurs, par ordre
alphabétique, en sections de vote comprenant au
moins cent électeurs.

4º L'élection se fait au *scrutin de liste*, s'il y a lieu (L. 9 déc. 1884, art. 6).

5º Trois scrutins sont possibles, à défaut de majorité acquise :

Le premier, de 8 heures à midi ;

Le deuxième, de 2 heures à 5 heures ;

Le troisième, de 7 heures à 10 heures du soir.

Les résultats des scrutins sont recensés par le bureau et proclamés immédiatement par le présisident du collège électoral (L. 9 déc. 1884, art. 14).

Chaque électeur est tenu de voter, à peine de 50 fr. d'amende (L. 2 août 1875, art. 18).

Les délégués reçoivent, sur leur demande, une indemnité fixée comme celle des jurés (L. 2 août 1875, art. 17).

### F. — Majorité requise.

Aux deux premiers tours de scrutin, nul n'est élu, s'il n'a réuni la majorité absolue des suffrages exprimés, représentant le quart des électeurs inscrits.

Au troisième tour de scrutin, la majorité relative suffit, et, en cas d'égalité de suffrages, le plus âgé est élu (L. 2 août 1875, art. 15).

### G. — Validation de l'élection.

Le Sénat est lui-même juge de la validité de l'élection de ses membres.

Ajoutons que lui seul peut recevoir leur démission (L. 16 juillet 1875, art. 10).

## II. — Vacance d'un siège.

La vacance résulte-t-elle de l'*option* de l'élu, en cas d'incompatibilité, ou de l'*invalidation* de l'élection, il est procédé dans le *mois* à une nouvelle élection, par le même corps électoral (L. 2 août 1875, art. 22).

La vacance résulte-t-elle du *décès* ou de la *démission* du titulaire, il est pourvu dans les *3 mois* à son remplacement, à moins que le renouvellement partiel du Sénat ne doive se faire dans les six mois : auquel cas le remplacement du sénateur décédé ne se fait qu'au moment du renouvellement (L. 9 décembre 1884, art. 24, modifiant l'art. 23 de la loi du 2 août 1875).

## I. — Durée des fonctions.

Chaque sénateur est nommé pour *neuf* ans.

Le Sénat se renouvelle par *tiers* tous les *trois* ans.

### § 3. — Recrutement de la Chambre haute à l'étranger.

Nous n'avons qu'à renvoyer sur ce point aux quelques traits principaux signalés plus haut, en exposant la question générale du mode de recrutement de la Chambre haute.

## SECTION III.

### COMPOSITION DE LA SECONDE CHAMBRE.

Sommaire de la section III :

Mode de recrutement.
Recrutement de la seconde Chambre en France.
Recrutement de la seconde Chambre à l'étranger.

### § 1. — Mode de recrutement de la seconde Chambre.

La seconde Chambre se recrute toujours et partout par *l'élection*. C'est donc elle qui représente le plus fidèlement la volonté nationale.

Nous avons indiqué, en traitant du système représentatif, les divers modes d'élection, leurs avantages et leurs inconvénients respectifs. Il n'y a donc qu'à se reporter aux développements déjà donnés. (V. p. 34 et suiv.).

### § 2. — Recrutement de la seconde Chambre en France.

Voici les principaux textes actuellement en vigueur :

Décret organique du 2 février 1852.

Décret réglementaire du 2 février 1852.

Loi du 25 février 1875, art. 1-2°.

Loi organique du 30 novembre 1875, sur l'élection des députés, qui maintient les dispositions antérieures auxquelles elle ne déroge pas expressément.

Loi du 16 juin 1885, art. 4 à 7.

Loi du 13 février 1889, rétablissant le scrutin uninominal.

Loi du 17 juillet 1889, relative aux candidatures multiples.

## Article 1er

### ÉLECTEURS.

**A. — Conditions de capacité.**

A qui est accordé le droit d'élire les membres de la seconde Chambre française ?

Résumons les notions historiques données sur ce point, aux généralités sur le système représentatif.

1789. — Est électeur, tout Français âgé de 25 ans, imposé et domicilié.

1792. — L'âge de la capacité politique est abaissé à 21 ans.

1793. — Est électeur tout Français âgé de 21 ans (suffrage universel).

Consulat, Empire. — Est électeur primaire, tout Français âgé de 21 ans accomplis, résidant depuis un an en France (Suffrage universel à plusieurs degrés).

1814. — La Charte inaugure l'époque appelée période du suffrage *censitaire*. Elle exige que l'électeur ait l'âge de 30 ans, et paie 300 francs de contributions directes. — L'âge civique fut ensuite ramené à 21 ans, et le cens abaissé.

En 1831, on adjoignit aux censitaires, certaines *capacités :* les membres de l'Institut, et certains officiers, avec un cens inférieur à celui des autres électeurs (L. 19 avril 1831, art. 3).

1848. — Est électeur tout Français âgé de 21 ans (suffrage universel).

L. 31 mai 1850. — Sont électeurs seulement les Français âgés de 21 ans, et ayant 3 ans de domicile (suffrage restreint).

Décret organique du 2 février 1852.

Sont électeurs, sans condition de cens, tous les Français âgés de 21 ans accomplis (suffrage universel direct).

Depuis ce décret, le suffrage universel et direct est demeuré en vigueur, et n'a subi aucune atteinte.

1875. — La loi constitutionnelle du 25 février 1875 visait, dans son article 1er § 2, une loi électorale relative aux élections des députés, loi qui fut votée le 30 novembre de la même année, et qui régit encore la matière : sauf les modifications apportées par les lois postérieures, dont nous allons voir ici et plus loin les dispositions.

Est électeur, suivant ce texte, tout Français, âgé de 21 ans accomplis, jouissant de ses droits civils et politiques.

### B. — Incapacités électorales.

Ne peuvent être inscrits sur la liste électorale :

1° Les interdits judiciaires, pour cause de démence, jusqu'à la mainlevée de leur interdiction (D. O. 2 fév. 1852, art. 14-16°);

2° Les femmes, mariées ou non.

Quant aux personnes assistées d'un conseil judiciaire, pour faiblesse d'esprit ou pour prodigalité, notre loi constitutionnelle ne les exclut pas de la liste électorale.

### C. — Indignité.

Sont exclus de la liste électorale, pour cause d'indignité :

Les condamnés à la dégradation civique ;

Les condamnés à l'interdiction civique ;

Les officiers ministériels destitués ;

Les faillis non réhabilités, etc.

La liste complète forme l'art. 15 du Décret organique du 2 février 1852.

Ajoutons-y :

Le condamné pour insoumission ou désertion en temps de guerre (L. 15 juil. 1889, art. 73-2°).

### D. — Incompatibilités.

Ne peuvent, quoique inscrits sur la liste, exercer leurs droits électoraux : Les militaires sous les drapeaux.

Voici comme il faut entendre cette incompatibilité : les militaires en activité de service sont, comme les autres citoyens, portés sur les listes des communes où ils étaient domiciliés avant leur départ. — Mais ils ne pourront voter que lorsqu'ils seront présents, au moment de l'élection, dans la commune où ils seront inscrits, par exemple en vertu d'un congé régulier (L. 30 nov. 1875, art. 2).

### E. — Confection de la liste électorale.

Textes :

Décret organique du 2 février 1852 (marqué D. O.).

Décret réglementaire du 2 février 1852 (marqué D. R.).

L. 7 juillet 1874.

L. 5 avril 1884.

Depuis la loi du 5 avril 1884, sur l'organisation municipale, il n'existe plus qu'une seule liste électorale, servant pour les élections communales et départementales, aussi bien que pour les élections législatives. Cette loi abroge donc sur ce point les dispositions antérieures, qui de 1871 à 1884, distinguaient la liste municipale de la liste législative : cette dernière comprenait alors un plus grand nombre d'électeurs que l'autre.

a. — Énumération des inscriptibles.

Doivent être inscrits sur la liste électorale :

Tous ceux qui, jouissant de leurs droits politiques, remplissent les conditions requises pour l'exercice de ces droits dans la commune, à savoir :

1º Ceux qui ont leur domicile réel dans la commune, ou y habitent depuis six mois au moins;

2º Ceux qui y auront été inscrits au rôle d'une des quatre contributions directes ou au rôle des prestations en nature;

3º Les ministres des cultes ou les fonctionnaires publics assujétis à la résidence obligatoire dans la commune;

4° Ceux qui doivent remplir les conditions précédentes avant la clôture de la liste.

Cette énumération doit être complétée par la lecture de l'art. 14 de la loi du 5 avril 1884, sur l'organisation municipale.

### b. — Établissement des listes.

Les listes, quoique permanentes, sont, au commencement de chaque année, l'objet d'une révision, qui a pour but : d'inscrire les nouveaux électeurs, et de rayer ceux qui ont perdu leur droit électoral ou ne peuvent plus l'exercer dans la commune.

La liste est dressée par ordre alphabétique.

Elle est dressée par une commission administrative composée du maire et de deux délégués de l'administration. A Paris, la commission se compose du maire, du conseiller municipal du quartier, et d'un électeur désigné par le préfet (L. 7 juill. 1874, art. 1).

### c. —Inscription, radiation (D. O. 2 fév. 1852. — L. 7 juill. 1874).

Elles peuvent avoir lieu :

Soit d'*office*, par les soins de la commission, du 1er au 10 janvier.

Soit à la *demande de l'électeur*, du 16 janvier au 4 février.

Soit à la *demande d'un tiers*, dans le même délai. — Les tiers autorisés à requérir l'inscription ou la radiation sont les autres électeurs inscrits sur la liste.

Soit à la *demande* du *préfet* ou du *sous-préfet*.

### d. — Réclamations.

Les réclamations faites à l'occasion de la liste électorale sont jugées par la commission administrative, à laquelle s'adjoignent deux délégués du conseil municipal dans les départements, ou deux électeurs du quartier à Paris (L. 7 juill. 1874).

Appel de la décision est ouvert devant le juge de paix à tout électeur inscrit.

La décision du juge de paix est susceptible d'opposition et de pourvoi en cassation (D. O. 1852).

### e. — Clôture de la liste électorale.

La liste électorale est close le 31 janvier.

Sauf rectification postérieure :

Soit pour décision du juge de paix retardée après le 31 mars ;

Soit pour décès ou condamnation d'électeurs inscrits (D. R. 1852).

## Article 2.

### ÉLIGIBLES.

### A. — Mode de renouvellement adopté.

Les constituants ont le choix entre le renouvellement *partiel* et le renouvellement *intégral*.

A. — Le renouvellement *partiel* entraîne moins d'agitation électorale ; il est favorable à la stabilité gouvernementale, excepté pourtant lorsqu'il y a en présence deux partis presque égaux : c'est à cet équilibre des partis que le Directoire dut son instabilité.

B. — Le renouvellement *intégral* favorise davantage la manifestation de l'opinion publique ; il donne à la Chambre une plus grande autorité.

C. — En France, c'est le mode de renouvellement intégral qui a fonctionné, sauf en l'an III, en l'an VIII, et en 1814. C'est le mode qui fonctionne encore aujourd'hui.

### B. — Conditions de capacité.

Les conditions exigées d'un candidat, sont, en général, plus sévères que les conditions exigées d'un électeur, la fonction de l'élu étant plus importante que celle du simple citoyen. Elles varient dans les diverses constitutions et sont relatives : à son *état politique* ; à sa *nationalité* ; à son *âge* ; à son *domicile* ; au *cens* d'impôts payés par lui ; à une *déclaration* préalable.

### Première condition. — État politique.

La constitution de 1791 n'accordait le droit d'éligibilité qu'aux citoyens actifs, c'est-à-dire étant eux-mêmes électeurs.

De même la loi organique du 30 novembre 1875 porte : « Tout électeur est éligible. » (Art. 6).

### Deuxième condition. — Nationalité.

En 1814, l'étranger ne pouvait être nommé député

qu'en vertu de lettres de grande naturalisation, octroyées par le roi et vérifiées dans les Chambres.

En 1849, une loi fut nécessaire pour que l'étranger naturalisé fut éligible à l'Assemblée nationale. — Cette disposition fut considérée comme virtuellement abrogée en 1852, et le fut en tous cas formellement, depuis la loi du 29 juin 1867.

La loi du 26 juin 1889, sur la nationalité, porte : L'étranger naturalisé n'est éligible aux assemblées législatives que dix ans après le décret de naturalisation, à moins qu'une loi spéciale n'abrège ce délai. Le délai pourra être réduit à une année. — Les ex-Français, qui recouvrent cette qualité, acquièrent immédiatement l'éligibilité aux assemblées législatives (art. 3).

**Troisième condition. — Age.**

L'âge requis pour être nommé député était :

En 1791, de 25 ans.

En 1793, de 21 ans.

En l'an III, et en l'an VIII, de 30 ans.

En 1814, de 40 ans.

Depuis l'acte additionnel de 1815, et aujourd'hui encore, le député doit avoir 25 ans accomplis le jour de l'élection (Loi organique du 30 novembre 1875, art. 6).

**Quatrième condition. — Domicile.**

Constitution de 1791. — Le député devait être

8

domicilié dans le département, au moment de l'élection.

La constitution de l'an III, plus exigeante, demandait dix années de domicile en France.

En l'an VIII, de même que pendant la Restauration, et sous Louis-Philippe, une partie des représentants devait avoir son domicile en France.

La constitution de 1875 a suivi les errements des deux constitutions qui l'avaient précédée, en n'exigeant de l'élu aucune condition de domicile, soit en France, soit dans le département qu'il représente.

**Cinquième condition. — Cens.**

A plusieurs reprises, il a fallu que le candidat, pour être éligible, payât un certain chiffre d'impôts.

En 1789, l'élu devait être propriétaire foncier et payer un impôt minimum d'un marc d'argent.

En 1791, et sous la constitution de l'an III : aucun cens n'était requis de l'électeur primaire ; l'électeur secondaire devait être propriétaire, usufruitier, ou métayer, etc.

La Charte de 1814 fixait un cens de 1.000 francs.

En 1831, le cens fut abaissé à 500 francs (et on adjoignit les capacités aux censitaires, avec un cens inférieur).

La condition de cens a définitivement disparu en 1848.

Sixième condition. — Déclaration préalable (L. 17 juill. 1889).

*a.* — *Formes de la déclaration.*

La loi exige de tout candidat une *déclaration* signée et légalisée, indiquant la circonscription dans laquelle il se présente aux suffrages des électeurs (art. 2). — La déclaration est déposée sur récépissé à la préfecture, le cinquième jour au moins avant le scrutin.

*b.* — *But de la formalité.*

Cette formalité a été prescrite afin d'empêcher les *candidatures multiples*, que la même loi interdit, dans son art. 1er. On a pensé que la possibilité de se présenter dans plusieurs arrondissements ouvrait la voie au plébiscite sur le nom d'un homme.

*c.* — *Sanctions.*

1° Si plusieurs déclarations sont déposées, la première en date est seule valable. Si elles portent la même date, toutes sont nulles.

2° Il est interdit, sous peine d'une amende de 1.000 à 5.000 fr., de signer ou apposer des affiches, de distribuer des circulaires, des bulletins, dans l'intérêt d'un candidat qui ne s'est pas conformé aux prescriptions de la loi de juillet 1889.

3° Les affiches, les circulaires, les bulletins peuvent être enlevés ou saisis.

4° Les bulletins au nom d'un citoyen dont la candidature est posée en violation de la présente loi, n'entrent pas en compte dans le résultat du dépouillement (art. 5).

5° Le candidat qui contrevient aux dispositions de la loi du 17 juillet encourt une amende de 10.000 fr. (art. 6).

*d. — Application.*

La Chambre a admis que la déclaration faite par une personne privée de ses droits politiques est nulle et non avenue, et qu'en conséquence les bulletins au nom de cette personne n'entrent pas en compte dans le dépouillement du scrutin (séance du 8 décembre 1889).

### C. — Inéligibilité.

L'inéligibilité entraîne la *nullité* et par conséquent *l'invalidation* de l'élection. Elle est *absolue* ou *relative.*

*a. — Inéligibilité absolue.*

Elle fait obstacle à l'élection, dans *toutes* les circonscriptions électorales.

*Qui frappe-t-elle ?*

— En 1791, les membres de la Constituante avaient été malheureusement exclus de la Législative, qui lui succédait (1).

---

(1) A l'inverse, la Convention voulut que l'Assemblée des Cinq-Cents comprît les deux tiers des membres de la Convention.

En l'an III, ceux qui avaient été élus deux fois déjà, devenaient inéligibles.

Sous le premier Empire, les députés sortants devenaient inéligibles pendant un an.

L'excellente loi du 15 mars 1849 excluait : les condamnés à plus de deux mois de prison ; les faillis non excusés ; les contumaces ; les personnes assistées d'un conseil judiciaire ; les entrepreneurs et les administrateurs des chemins de fer.

Le décret de 1852 prononçait l'exclusion contre les condamnés à un mois de prison pour rébellion ou attroupement.

Tous ces cas d'inéligibilité ont disparu.

— Aujourd'hui sont seuls frappés d'inéligibilité absolue :

1° Les membres des familles qui ont régné en France (L. 16 juin 1885, art 4).

2° Les militaires et les marins en activité de service (L. 30 novembre 1875, art. 7).

#### b. — Inéligibilité relative.

Elle ne fait obstacle à l'élection, que dans *certaines* circonscriptions : celles où l'on craint que les fonctions du candidat ne deviennent un moyen de pression électorale.

— En 1817, on défendit : l'élection des préfets dans leur département.

En 1831 : d'un côté, la liste des inéligibles, fut allongée; d'un autre côté, l'incapacité d'être élu fut prolongée pendant les six mois qui suivaient l'expiration des fonctions.

En 1849, la liste s'allonge encore.

En 1852, à l'inverse, elle se raccourcit.

— La loi organique du 30 novembre 1875 reproduit à peu de chose près la liste de 1849.

Sont aujourd'hui frappés d'inéligibilité relative, ceux-là seuls qui sont énumérés dans l'article 12 de cette loi; en particulier :

Les présidents de cours ou tribunaux de première instance dans leur ressort ;

Les membres des parquets ;

Les préfets, dans leur département;

Les sous-préfets, aussi dans leur département, etc.

c. — Qui est juge de l'inéligibilité.

La Chambre elle-même (L. const. 16 juillet 1875, art. 10).

### D. — Incompatibilité.

L'*incompatibilité*, ou défense de *cumuler* deux fonctions, entraîne pour l'élu la nécessité d'*opter* entre sa fonction et celle de député.

a. — Motifs de l'incompatibilité.

La question des incompatibilités est une des plus graves que soulève l'adoption du système représentatif.

Pour multiplier les cas d'incompatibilité, on in-

voque d'abord le principe de la séparation des pouvoirs, qui s'oppose à ce qu'un député, membre du
pouvoir législatif, fasse partie de l'administration
ou du corps judiciaire. Le représentant d'ailleurs
doit être tout à fait indépendant du pouvoir exécutif,
qui nomme les fonctionnaires. Surtout, le cumul
empêcherait les députés de se consacrer entièrement
à leur mission.

Il a fallu répondre en outre à de sérieuses objec-
tions présentées par ceux qui repoussent le principe
de l'incompatibilité, ou qui veulent en restreindre
l'application.

Pourquoi, ont-ils dit, ne pas admettre le cumul, à
condition de donner un suppléant au député? —
La nomination de suppléants se justifie seulement
par une nécessité absolue, qui fait défaut en l'espèce.

L'incompatibilité, ajoutent-ils, ne va-t-elle point
priver la Chambre des lumières de certains fonctionnaires, qui ne voudront pas donner leur démission
pour y entrer? — Si l'avis de ces fonctionnaires est
utile, on les nommera conseillers d'État en service
extraordinaire, et la Chambre renverra la loi au
Conseil d'État.

La Chambre, objectent-ils enfin, étant la représentation de tout le pays, doit comprendre des fonctionnaires? — En pressant l'objection, il faudrait ar-

river à conclure que la Chambre doit contenir aussi des militaires.

### b. — Cas d'incompatibilité.

La Constituante de 1789 n'avait écarté de la Chambre que les ministres et les agents révocables du pouvoir exécutif. — Des suppléants remplaçaient les juges élus, qui pouvaient cumuler.

La Convention décréta radicalement l'incompatibilité du mandat de représentant avec toute fonction publique (Const. an III, art. 47).

La constitution de l'an VIII ne contenait aucun cas d'incompatibilité légale.

De 1814 à 1841, il n'y eut pas d'incompatibilité légale. — Seulement, à partir de 1830, tout député qui acceptait une fonction salariée de l'État, était soumis à la réélection.

La constitution de 1848 reproduisit l'incompatibilité établie par la Convention entre les fonctions publiques et le mandat de député (art. 28).

Le gouvernement de la Défense nationale avait suspendu l'application du principe d'incompatibilité, qui reparut, presque intact, en 1872.

Les longues et nombreuses discussions sur l'incompatibilité aboutirent en 1875. La loi organique du 30 novembre 1875, dans son art. 8, consacre à son tour la règle de l'incompatibilité, tout en y apportant de nombreuses restrictions.

— On peut résumer son *principe* sous la double formule suivante :

1° Tout fonctionnaire public, salarié par l'État, élu député et non démissionnaire dans les huit jours de la vérification des pouvoirs est remplacé dans son emploi. Toutefois, il conserve le grade, s'il est distinct de l'emploi (art. 8).

2° Tout député nommé fonctionnaire et acceptant la fonction est réputé démissionnaire de son mandat de représentant (art. 11).

— De nombreuses *exceptions* sont apportées au principe. — En effet, peuvent *cumuler* leur fonction avec le titre de député :

Les ministres ;

Les ambassadeurs ;

Les premiers présidents de la Cour de cassation et de la Cour des comptes ;

Les préfets ;

Certains professeurs ;

Les envoyés en mission temporaire pour moins de six mois, etc. (art. 8 et 9).

En conséquence :

1° Tout fonctionnaire figurant aux exceptions, élu député, conserve ses fonctions ;

2° Tout député, figurant aux exceptions, nommé fonctionnaire et acceptant la fonction, est réputé, il est vrai, démissionnaire de son mandat de représentant, mais il peut être réélu (art. 11-1°).

Les députés nommés ministres ou sous-secrétaires d'État, ne sont même pas soumis à la réélection (art. 11-2°).

Remarquons enfin que nul ne peut représenter plus d'une circonscription électorale. — Même, depuis la loi du 17 juillet 1889, nul ne peut être candidat dans plus d'une circonscription.

### E. — Procédure de l'élection.

#### a. — Circonscriptions électorales.

Pour le recrutement de la Chambre des députés française, c'est tantôt le département, tantôt l'arrondissement, qui forme la circonscription électorale: le département avec le scrutin de liste; l'arrondissement avec le scrutin uninominal.

#### b. — Nombre des sièges.

Suivant la loi du 16 juin 1885, qui établissait le scrutin de liste, dans chaque département, on nommait une liste de députés, à raison d'un député par 70.000 habitants ou fraction excédante de 70.000 (les étrangers non compris).

On comprend dans le chiffre du recensement la population flottante, aussi bien que la population fixe.

Depuis la loi du 13 février 1889, qui rétablit le scrutin uninominal, c'est l'arrondissement qui forme la circonscription électorale.

Chaque arrondissement administratif dans les départements et chaque arrondissement municipal à Paris et à Lyon nomme un député. Les arrondissements de plus de 100.000 habitants nomment un député de plus par 100.000 ou fraction de 100.000 habitants; le tableau de ces arrondissements et de leurs circonscriptions a été annexé à la loi.

Depuis la loi du 13 février 1889, le nombre des députés s'est trouvé porté à 576.

### c. — Époque des convocations d'électeurs.

1° A *l'expiration des pouvoirs de la Chambre.*

Les élections ont lieu dans les *soixante* jours qui précèdent l'expiration des pouvoirs de la Chambre des députés (L. 16 juin 1885, art. 6).

2° Après une *dissolution.*

La loi du 25 février 1875 exigeait la *convocation* dans le délai de *trois* mois (art. 5-2°).

La loi du 14 août 1884 veut que les collèges électoraux soient *réunis* pour de nouvelles élections dans le délai de *deux* mois. (En outre, la Chambre doit être réunie dans les dix jours qui suivent la clôture des opérations électorales).

3° Dans le cas où la Chambre des députés se trouverait *dissoute* au moment où la présidence de la République deviendrait *vacante*, les collèges électoraux seraient aussitôt convoqués (L. 16 juillet 1875, art. 3-4°).

4° Dans le cas de *dissolution illégale* des Chambres, une loi du 15 février 1872 a conféré des pouvoirs exceptionnels aux conseils généraux des départements.

Ils s'assemblent de plein droit, et nomment chacun deux délégués.

Les délégués se réunissent au lieu où se trouve le gouvernement légal, et prennent les mesures qui doivent rendre à la représentation nationale le plein exercice de ses droits.

Si la reconstitution des Chambres ne peut se réaliser dans le *mois* qui suit le coup d'État, l'Assemblée des délégués décrète un appel à la nation pour des *élections générales*.

5° En cas de *vacance* d'un siège de député, par *décès*, *démission* ou autrement, les électeurs sont réunis dans les *trois* mois.

6° En cas de *vacance*, par suite d'*option*, ils sont réunis dans le délai d'*un* mois (L. 30 nov. 1875, art. 16).

### d. — Lieu du vote.

En 1848, les électeurs votaient au chef-lieu de canton.

Dès 1852, on vote par commune.

La loi du 30 novembre 1875 veut aussi que l'élection des députés se fasse au chef-lieu de chaque commune.

— Le préfet a d'ailleurs la faculté de diviser la

commune en autant de sections qu'il lui paraît utile (art. 4).

e. — Opérations électorales.

(Décr. org. 2 fév. 1852. — Décr. rég. 2 fév. 1852).

— Les collèges électoraux sont convoqués par un décret du pouvoir exécutif.

— L'intervalle entre la promulgation du décret et l'ouverture des collèges électoraux est de vingt jours au moins. Cet intervalle porte le nom de *période électorale.*

— Le vote se fait un *dimanche* ou un jour férié.

— Le scrutin ne dure qu'*un seul jour* (art. 4).

— En cas de ballottage, le second tour de scrutin aura lieu le second dimanche après la proclamation du résultat du premier scrutin.

— Le vote est *secret* (L. 30 nov. 1875, art. 5).

— Le dépouillement des votes est fait par des électeurs que le bureau choisit comme scrutateurs, et sous la surveillance du bureau.

Les bulletins blancs, ceux qui ne désignent pas suffisamment le candidat, ceux où le votant s'est fait connaître, n'entrent pas en compte (D. R. 1852, art. 30).

— Après le dépouillement, le résultat est rendu *public,* et le bureau rédige en double le *procès-verbal* des opérations.

— Le *recensement* général des votes se fait ensuite

au chef-lieu du département, en séance publique.

L'élu est alors proclamé député.

### F. — Majorité requise.

Selon la loi du 30 novembre 1875, nul ne peut être élu député au premier tour de scrutin, s'il ne réunit la majorité absolue des votants, représentant le quart des électeurs inscrits.

Au second tour de scrutin, la majorité relative suffit, quelle qu'elle soit.

A l'un et à l'autre tour, si deux candidats réunissent le même nombre de suffrages, le plus âgé est élu (art. 18).

### G. — Validation des élections.

Deux questions d'ordre distinct se soulèvent, relativement à la validité de l'élection :

1° Une question d'ordre civil, relative au domicile de l'élu, ou à l'exercice de ses droits civils. — Elle a toujours été de la compétence des tribunaux civils.

2° Une question d'ordre constitutionnel, relative à la validité des opérations électorales. Qui la résoudra ?

En 1789, après avoir rejeté la proposition de confier au roi la vérification des pouvoirs législatifs, l'Assemblée constituante se réserva à elle-même le soin de valider l'élection de ses membres. C'était la première application du principe que toute assemblée élue est juge de la régularité de l'élection de ses membres.

Ce principe, reproduit par les constitutions suivantes, est toujours resté en vigueur pour les élections à la Chambre des députés.

— Ajoutons que la Chambre des députés seule peut recevoir la *démission* de l'un de ses membres (L. 16 juillet 1875, art. 10).

### II. — Vacance d'un siège.

En cas de *vacance* d'un siège, par *décès*, *démission* ou autrement, l'élection devra être faite dans le délai de *trois* mois.

En cas d'*option*, il est pourvu à la vacance dans le délai d'*un* mois (L. 30 novembre 1875, art. 16).

### I. — Durée du mandat législatif.

Le mandat législatif ne doit durer ni trop, ni trop peu.

De trop longue durée, il fausserait la représentation, l'élu n'étant pas destiné à demeurer en communion perpétuelle avec ses électeurs.

Trop court, le mandat législatif ramènerait à trop bref délai l'agitation électorale, et enlèverait d'ailleurs toute initiative personnelle à l'élu.

En France, la durée a varié, sous les diverses constitutions, de un an à sept ans.

La loi du 30 novembre 1875 fixe cette durée à *quatre* années (art. 15).

### § 3. —'Recrutement de la seconde Chambre à l'étranger.

Nous ne ferons pas pour les constitutions étrangères, un exposé complet; nous signalerons seulement les points principaux qui les distinguent où les rapprochent de la constitution française.

## Article 1er.

### ÉLECTEURS.

#### A. — Conditions de capacité.

L'âge requis pour être électeur est réculé jusqu'à 25 ans, dans certains pays, l'Espagne, la Roumanie, le Brésil; et même, en Danemark, jusqu'à 30 ans.

En Belgique, un *cens* de 20 florins est exigé pour l'exercice du droit électoral.

La connaissance de la lecture et de l'écriture est encore exigée de l'électeur en Italie.

#### B. — Incompatibilités.

Dans certains pays, avons-nous dit, l'incompatibilité qui frappe en général les femmes, est plus ou moins supprimée par la constitution (V. p 33).

## Article 2.

### ÉLIGIBLES.

#### A. — Mode de recrutement adopté.

L'Angleterre, les États-Unis et l'Allemagne ont

adopté, comme la France, le mode de renouvellement intégral de la seconde Chambre.

**B. — Inéligibilité.**

— En *Angleterre* :

L'âge requis pour être éligible est l'âge de 21 ans accomplis.

Les étrangers sont éligibles en vertu d'un bill individuel.

Tout fonctionnaire est absolument inéligible, depuis l'année 1700. — Par exception, les ministres peuvent être nommés députés.

— Aux *États-Unis* :

Age de 25 ans. — Domicile exigé.

— En *Allemagne* :

Age de 25 ans. — Domicile exigé.

— En *Danemark* :

Le citoyen est éligible à 25 ans, (tandis qu'il n'est électeur qu'à 30 ans).

**C. — Incompatibilité.**

— En *Angleterre* :

Un député acceptant une fonction incompatible avec son mandat est réputé démissionnaire; si la fonction est compatible, il doit se soumettre à la réélection.

— Aux *États-Unis* :

L'incompatibilité existe entre les fonctions publiques et le mandat de député.

### D. — Nombre des sièges.

En *Angleterre :*

Il y a un député par 65.000 habitants. Les anciennes inégalités ont été supprimées partiellement d'abord, totalement ensuite.

Déjà l'année 1832 avait vu la disparition des bourgs pourris.

### E. — Durée des fonctions.

En *Angleterre*, le mandat législatif, d'abord illimité, fut ensuite conféré aux membres de la Chambre des communes pour trois années seulement. — Depuis, la durée des fonctions législatives a été portée à sept années; mais il arrive rarement, en fait, qu'une Chambre épuise cette durée entière.

Dans les autres pays, la durée des fonctions législatives est très variable.

## SECTION IV.

### ATTRIBUTIONS DES CHAMBRES.

Sommaire :

Attributions de la Haute Chambre.
Attributions de la seconde Chambre.
Attributions financières des deux Chambres.

#### § 1. —Attributions de la Chambre haute.

La Chambre haute peut avoir des attributions po-

*litiques, législatives, judiciaires :* les secondes sont de beaucoup les plus nombreuses.

### Article 1ᵉʳ.

ATTRIBUTIONS POLITIQUES DE LA CHAMBRE HAUTE.

Sous les constitutions *antérieures* à celle de 1875, on pouvait considérer comme attribution politique, celle que la constitution de 1852 donnait au Sénat, de régler la constitution des colonies. — En outre à cette époque, il réglait ce qui n'avait pas été prévu par la constitution, et interprétait le sens des articles de celle-ci (art. 27).

Sous la constitution *actuelle*, on doit considérer comme attribution politique le droit du Sénat de refuser son assentiment au Président de la République, lorsque celui-ci veut prononcer la dissolution de la Chambre des députés, avant l'expiration légale du mandat de celle-ci (L. const. 25 févr. 1875, art. 5-1°).

Faute de cet assentiment, il semble juste de dire que, cette violation de la loi faisant considérer la dissolution comme illégale, il y aurait là un de ces actes qui permettent à la Chambre des députés de mettre le Président de la République en accusation devant le Sénat.

### Article 2.

ATTRIBUTIONS LÉGISLATIVES DE LA CHAMBRE HAUTE.

Dans cet ordre d'attributions, la Chambre haute

peut être appelée à jouer deux rôles bien distincts.

Tantôt elle forme un *corps suprême*, gardien du pacte constitutionnel ou contrôleur de la seconde Chambre.

Tantôt elle forme une *Assemblée législative*, allant de pair avec la seconde Chambre, et ayant en général les mêmes attributions législatives que celle-ci.

### A. — **Chambre haute** CORPS SUPRÈME.

Ce rôle de gardien et de contrôleur a été confié à plusieurs reprises au Sénat français.

Sous le Consulat, sous le premier et le second Empire, le Sénat conservateur, réalisant la conception de Sieyès, veillait au maintien de la constitution : il s'opposait à la mise en exercice de tout acte contraire à la constitution et en particulier à la promulgation des lois inconstitutionnelles (Const. an VIII, art. 28, 37).

De l'an XII jusqu'en 1814, le Sénat s'opposait en outre à la promulgation de la loi, quand les formes constitutionnelles n'avaient pas été observées, et quand la loi tendait au rétablissement du régime féodal ou portait atteinte à la dignité de l'empereur (S. C. 2 flor. an XII, art. 70).

En 1867, le Sénat s'oppose : à la promulgation des

lois contraires à la constitution et aux droits publics
et des lois pouvant compromettre la défense du territoire (S. C. 16 mars 1867).

En 1867, en outre, le Sénat conservateur, en dehors de son rôle de gardien de la constitution,
pouvait, pour toute sorte de lois et par une résolution motivée, réclamer de la Chambre des députés
une seconde délibération (S. C. 16 mars).

En 1869, il acquit le droit bien plus étendu de
s'opposer sans motif à la promulgation d'une loi
quelconque.

## B. — Chambre haute ASSEMBLÉE LÉGISLATIVE.

Comme assemblée législative, le Sénat français
possède les mêmes attributions que la Chambre des
députés ; il est sur un pied d'égalité presque parfaite avec celle-ci.

Les sénateurs ont l'initiative des lois, aussi bien
que les députés.

Le Sénat discute la loi, comme la Chambre le
fait.

Les lois n'existent qu'à la condition d'avoir été
votées par l'une et l'autre Chambre.

Peu importe qu'une loi soit votée en premier lieu
par le Sénat ou par la Chambre des députés. — Sauf
l'exception capitale que nous signalerons plus loin,
en matière de lois de *finances*.

## Article 3.

ATTRIBUTIONS JUDICIAIRES DE LA HAUTE CHAMBRE.

**A. — Enumération des attributions judiciaires.**

Le Sénat français a trois attributions judiciaires : il peut être constitué en *Cour de justice* pour juger, soit le *Président de la République*, soit les *ministres,* ou pour connaître des *attentats* contre la sûreté de l'État (L. 24 fév. 1875, art. 9).

1° Le Sénat seul peut juger le *Président de la République*, dans le cas où celui-ci serait mis en accusation par la Chambre des députés (L. 16 juill. 1875, art. 12-1°).

2° C'est encore le Sénat qui juge les *ministres,* dans le cas où ceux-ci ont été mis en accusation par la Chambre des députés, pour crimes commis dans l'exercice de leurs fonctions (L. 16 juill. 1875, art. 12-2°).

3° Enfin, le Sénat peut juger toute personne prévenue d'*attentat* commis *contre la sûreté de l'État* (L. 16 juill. 1875, art. 12-3°). — Dans ce cas, le Sénat est constitué en haute Cour de justice pour remplacer la juridiction de droit commun.

**B. — Procédure.**

I. — Aucun texte n'a fixé la procédure à suivre

pour le cas où le Sénat est appelé à juger, soit le Président de la République, soit les ministres.

II. — La procédure à suivre en matière d'attentat commis contre la sûreté de l'État a été réglée par une loi du 10 avril 1889, qui est venue compléter sur ce point la loi du 16 juillet 1875.

### a. — Convocation de la haute Cour.

Le Sénat est constitué en Cour de justice, par un décret du Président de la République, rendu en conseil des ministres (L. 16 juill. 1875, art. 12-3°).

Le décret fixe le jour et le lieu de la première réunion de la Cour; mais celle-ci peut toujours désigner un autre lieu pour ses séances (L. 10 avr. 1889).

Si l'instruction est commencée par la justice ordinaire, le décret de convocation du Sénat peut être rendu jusqu'à l'arrêt de renvoi devant la juridiction ordinaire compétente (L. 16 juill. 1875, art. 12-4°).

### b. — Composition de la haute Cour.

La haute Cour de justice se compose de :

1° Tous les *sénateurs* élus antérieurement au décret de convocation;

2° Un *procureur général*, pris dans la Cour de cassation, ou dans une Cour d'appel. — Il est assisté de deux avocats généraux, choisis dans les mêmes corps. — Tous sont nommés par le Président de la République;

3º Un *greffier*, qui est le secrétaire général de la présidence du Sénat.

### c. — Instruction.

L'instruction est faite par une *commission* de neuf sénateurs, choisis par le Sénat, en séance publique, au début de sa session ordinaire.

Le président de la commission peut décerner un mandat d'arrêt.

La commission statue sur les demandes en liberté provisoire.

### d. — Mise en accusation.

La *commission*, réunie en *Chambre d'accusation*, entend la lecture : 1º du rapport présenté par l'un de ses membres ; 2º des réquisitions écrites du procureur général ; 3º des mémoires fournis par les inculpés.

Elle statue sur la mise en accusation.

Le procureur général rédige l'acte d'accusation.

### e. — Jugement.

Le Sénat juge en séance publique.

Il est juge des exceptions invoquées, même de celle d'incompétence.

Il entend les témoins, le réquisitoire du ministère public, les plaidoiries des défenseurs, les observations des accusés.

Les débats sont clos et le Sénat se réunit en Chambre du conseil, en séance secrète, pour délibérer.

La déclaration de culpabilité est portée à la connaissance de l'accusé, en séance publique.

Le Sénat vote de nouveau en Chambre du conseil sur l'application de la peine.

L'arrêt définitif est lu en séance publique.

## § 2. — Attributions de la seconde Chambre.

La seconde Chambre peut avoir des attributions *législatives*, et des attributions *judiciaires* : les premières occupant presque toute la liste.

## Article 1er.

### ATTRIBUTIONS LÉGISLATIVES DE LA SECONDE CHAMBRE.

**Première attribution. — Confection des lois.**

La *confection des lois* est l'attribution essentielle d'une Chambre de députés : c'est pour faire les lois que le peuple se choisit des représentants ; les autres attributions du Corps législatif ne trouvent que des occasions exceptionnelles de s'exercer ; celle-ci est l'œuvre quotidienne de la Chambre.

Quelle part prendra-t-elle à la confection des lois ?

Pour que la loi atteigne sa perfection, trois degrés, quatre parfois, doivent être successivement parcourus : l'*initiative*, la *discussion*, le *vote*, et à certaines époques, la *sanction*.

### 1° Initiative.

L'initiative peut revêtir deux formes distinctes : le

dépôt d'un *projet* de loi, le dépôt d'un *amendement*.

— *Dépôt d'un projet de loi.*

Le *projet* est la proposition d'une loi nouvelle; la faculté de déposer un projet est une initiative de première main.

En principe, pour les lois ordinaires, cette initiative des lois devrait appartenir à la fois au pouvoir exécutif et aux Chambres. Pourtant la crainte des abus résultant de l'initiative individuelle des représentants, a parfois privé les Chambres de ce droit constitutionnel. D'autres fois, on est revenu au principe rationnel, poussé par la nécessité de laisser à toute idée juste le moyen de se produire.

Une seule fois, sous la constitution de l'an III, la proposition des lois fut exclusivement réservée à la seconde Chambre, au Conseil des Cinq-Cents (art. 75).

En France, nos États généraux n'eurent pas, sous l'ancienne monarchie, une véritable initiative en matière législative : ils devaient se contenter d'émettre des vœux, dont le roi n'était pas obligé de tenir compte.

Les constitutions de 1791 et de 1793 réservaient l'initiative des lois au seul Corps législatif.

A l'inverse, la constitution de l'an VIII en fit l'apanage exclusif du chef de l'État.

La Charte de 1814 ne changea rien à cet état de choses.

En 1830, apparaît pour la première fois le principe de l'initiative accordée à la fois au roi et aux Chambres; principe maintenu par la constitution de 1848.

Le second Empire suivit les errements du premier : le chef de l'État a seul l'initiative des lois.

La constitution de 1875 partage de nouveau le droit d'initiative entre le chef de l'État et les Chambres (L. 25 février 1875, art. 3-1°).

— *Dépôt d'un amendement.*

L'*amendement* est une modification proposée à un projet de loi; la faculté de proposer un amendement est une initiative de seconde main.

Toutes les fois que les Chambres ont l'initiative de première main proprement dite, c'est-à-dire le droit de proposer des lois, elles ont évidemment *a fortiori* le droit d'amendement. Mais, sous les constitutions qui interdisent aux Chambres les propositions de loi, il peut arriver que le droit d'amendement leur soit accordé; il porte au monopole législatif que le chef de l'État voudrait se réserver une atteinte moins sensible que la faculté de proposer la loi.

En fait, il en a été parfois ainsi.

La constitution de l'an VIII, de même que la Charte de 1814, semblaient accorder un droit d'amendement, la première au Tribunal, la seconde aux Chambres; c'était une illusion : car l'amendement ne pouvait être discuté qu'après avoir été accepté par le chef de l'État; il se réduisait donc en réalité à un simple vœu.

La constitution de 1852 avait, sous d'autres apparences, créé une illusion du même genre : les amendements proposés par la Chambre ne pouvaient être discutés qu'après avoir été renvoyés au Conseil d'État et avoir été adoptés, par lui (art. 40) : or la nomination des conseillers était réservée à l'empereur.

Le sénatus-consulte du 18 juillet 1866, qui inaugura l'empire libéral, se contenta de modifier légèrement la situation, sans accorder à la Chambre le droit d'amendement. Un sénatus-consulte de l'année 1869, le lui reconnut enfin réellement. Il fallait, il est vrai, prendre l'avis du Conseil d'État; mais ce n'était qu'une formalité; le refus d'adhésion du Conseil n'arrêtait plus l'amendement au passage.

2° Discussion.

Il est inutile de justifier le droit des Chambres de discuter les lois qu'elles sont appelées à voter.

Pourtant, une exception bizarre autant que célèbre, a, pendant le premier Empire, interdit la parole aux membres du Corps législatif : il dut à ce rôle effacé l'appellation historique de *Corps des muets* (Const. an VIII, art. 34).

C'étaient les conseillers d'État d'un côté, les membres du Tribunat de l'autre, qui se livraient devant la Chambre à une joute oratoire plus ou moins sérieuse, que l'on qualifiait de discussion de la loi. Ce fut le système suivi pour la confection de nos Codes.

### 3° Vote.

Le *vote* a toujours sans conteste appartenu au Corps législatif et à lui seul.

Lorsqu'il y a deux Chambres, et que la Chambre haute a les mêmes attributions législatives que la seconde Chambre, aucune d'elles n'a en général de prérogative sur l'autre, chacune vote séparément la loi ; le vote de l'une a même valeur que le vote de l'autre ; peu importe que le vote de la Chambre ait précédé ou suivi le vote du Sénat (sauf l'exception importante que nous signalerons bientôt pour les lois de finances). — Seulement la loi n'est parfaite, que lorsque le double vote s'est réuni sur la même rédaction de loi. On peut donc dire qu'ici, les droits des Chambres sont égaux.

Il y eut une exception à ce principe d'égalité sous le Directoire : la Chambre des Cinq-Cents examinait et votait la première le projet de loi : la Chambre des Anciens n'avait d'autre droit que d'adopter ou de rejeter en masse le projet que lui renvoyait l'autre Chambre. Le droit de la Chambre haute était donc ici sensiblement amoindri (Const. an III, art. 86 et s.).

★

4° Sanction.

La *sanction* est l'adhésion du chef de l'État à la loi votée.

Elle se produit sous deux formes : par un acte exprès d'acceptation, ou par un *veto*, qui met obstacle à la perfection de la loi.

Plusieurs constitutions françaises ont réservé l'un ou l'autre droit au chef du pouvoir exécutif.

Louis XVI dut au droit que lui accordait la constitution de 1791 le sobriquet de roi *veto*. Ce *veto* n'était d'ailleurs que suspensif : lorsque trois législatures successives avaient voté et représenté le même projet de loi, le roi était censé avoir donné sa sanction.

Les Chartes réservaient le droit de *veto* absolu au roi. Ainsi, sous la Restauration, le roi, qui avait seul l'initiative des lois, était encore maitre d'infirmer la loi proposée par lui et votée par les Chambres, en lui refusant sa sanction !

Depuis 1848, il n'est plus question de sanction sous aucune forme.

Les constitutions de 1848 et de 1875 ont seulement réservé au chef de l'État le droit de provoquer une nouvelle délibération des Chambres (L. 16 juillet 1875, art. 7-2°).


**Deuxième attribution.—Déclarations de guerre.**

A. — La *déclaration de guerre* est une de ces décisions que les démocraties ont toujours cherché à enlever au pouvoir exécutif, pour les réserver aux représentants de la nation, tout en laissant au premier ce qui doit être à lui : les négociations diplomatiques et les préparatifs de guerre.

B. — Dès l'année 1791, l'Assemblée nationale s'attribuait le droit de déclarer la guerre. Mais le décret législatif ne pouvait être rendu que sur la proposition du roi, et il fallait en outre qu'il fût sanctionné par lui.

La constitution de 1793 allait bien plus loin ; non contente d'assimiler les déclarations de guerre aux lois ordinaires, elle réservait encore aux électeurs primaires un droit de protestation contre la déclaration (art. 54, 59).

En l'an VIII, l'assimilation aux lois fut maintenue ; mais l'empereur, s'appuyant sur un sénatus-consulte de l'an X, qui lui attribuait le droit de conclure les traités, s'arrogea exclusivement les déclarations de guerre.

Les Chartes attribuèrent le droit de déclarer la guerre au roi.

La constitution de 1848 le rendit à l'Assemblée.

Il revint au chef de l'État en 1852.

C. — La constitution de 1875 établit l'ordre de choses actuel à cet égard :

« Le Président de la République ne peut déclarer

la guerre sans l'assentiment préalable des deux
«Chambres. » (L. 16 juillet 1875, art. 9).

La déclaration de guerre se trouve donc aujour-
d'hui assimilée à une loi.

**Troisième attribution. — Traités.**

A. — La *conclusion* des traités fut toujours aussi
l'objet des revendications des Chambres.

Tantôt c'est au chef de l'État qu'il appartient de
conclure un traité quelconque, tantôt à la représentation nationale. D'autres fois la constitution distingue entre les traités et réserve la conclusion de quelques-uns d'entre eux seulement aux assemblées.

La distinction est logique : il est juste que les
traités qui engagent l'État soient soumis aux Chambres ; et que les traités simplement réglementaires
soient réservés à la seule décision du chef de l'État.

B. — *Historiquement*, la question a reçu bien des
solutions différentes.

1791. — Le roi négocie et signé les traités ; l'assemblée les ratifie.

La constitution de l'an VIII assimilait aux lois les
traités de paix, d'alliance et de commerce. — Le sénatus-consulte de l'an X autorisait le premier Consul à les signer, sur simple avis du Conseil privé.

Charte de 1814. — Le roi conclut seul tous les
traités. Toutefois, les charges financières qu'ils con-

tiendraient doivent être votées par les Chambres.

La constitution de 1848 réclamait la ratification définitive de l'assemblée pour un traité quelconque.

Depuis le 14 janvier 1852, le chef de l'État concluait les traités ; toutefois les modifications de tarif contenues dans les traités de commerce étaient soumises à la Chambre. Cette restriction, supprimée le 25 décembre 1852, fut rétablie en 1869.

L'Assemblée nationale de 1871 concluait tous les traités. — Elle avait même été nommée pour conclure la paix avec l'Allemagne.

C. — La constitution de 1875 est revenue aux principes rationnels, en faisant le partage du droit de conclure les traités entre le pouvoir exécutif et le pouvoir législatif (L. 16 juil. 1875, art. 8).

En principe le Président de la République conclut les traités. Mais la liste est encore assez longue de ceux qu'il ne peut signer qu'avec l'assentiment des Chambres, ce sont les traités :

De *paix*.

De *commerce*.

Emportant modification de *territoire*.

Engageant les *finances* de l'État.

Concernant l'*état des Français* à l'étranger. — Suivant l'opinion générale les traités d'extradition ne sont pas rangés dans cette classe et sont réservés au seul pouvoir exécutif ; ajoutons pourtant qu'en fait plusieurs d'entre eux ont été soumis au Parlement.

Concernant la *propriété* des Français à l'étranger. — Même les traités sur la propriété industrielle ou littéraire ; on a reproché au Gouvernement de n'avoir pas soumis aux Chambres deux traités sur les marques de fabrique.

Terminons cette liste, en notant que toute convention de la nature des précédentes, quoique non qualifiée traité, doit être soumise au Corps législatif.

D. — En Angleterre, le partage existe entre le pouvoir législatif et le pouvoir exécutif : les traités de commerce, les traités contenant modification de territoire, charges financières, tarifs de douane, doivent être votés par le Parlement.

En Norvège, en Bavière, au Wurtemberg, le chef de l'État conclut seul toute espèce de traités.

En Portugal, en Roumanie, en Suisse, à l'inverse, tout traité est soumis aux Chambres

**Quatrième attribution. — Déclaration de l'état de siège.**

En France, les Chambres seules peuvent déclarer l'état de siège.

En Prusse, ce droit est réservé à l'empereur.

### Cinquième attribution. — Amnistie.

A. — La *grâce*, mesure individuelle, exonérant seulement le condamné de tout ou partie de sa peine, a toujours été remise à la discrétion du chef de l'État.

L'*amnistie* a une toute autre portée que la grâce : mesure collective et générale, elle efface tout, peine, condamnation même ; surtout elle est la plupart du temps appliquée aux délits politiques. Aussi ne faut-il pas s'étonner de voir le Parlement disputer au chef de l'État le droit de proclamer l'amnistie.

B. — Le Code des délits et des peines de l'année 1791 supprimait la grâce et l'amnistie.

Jusqu'en 1848, le chef de l'État avait à la fois le droit de grâce et le droit d'amnistie.

En 1848, l'Assemblée se réserva le droit d'amnistie.

La constitution de 1852 rendit le double droit au pouvoir exécutif.

C. — Depuis 1870, l'amnistie est accordée par une loi : le droit est réservé aux Chambres. La France se trouve donc à cet égard sous l'application des vrais principes : « Le Président de la République a le droit de faire grâce ; les amnisties ne peuvent être accordées que par une loi. » (L. 25 févr. 1875, art. 3).

### Sixième attribution. — Expropriation pour cause d'utilité publique.

La loi du 3 mai 1841 attribuait la déclaration d'utilité publique, soit au pouvoir législatif, soit au pouvoir exécutif, suivant la nature des travaux.

En 1852, la déclaration résultait toujours d'un décret rendu en Conseil d'État; seulement les crédits nécessaires devaient être accordés par la Chambre, avant la mise à exécution.

Une loi du 27 juillet 1870 a rétabli la distinction entre les diverses classes de travaux. — Les grands travaux entrepris par l'État ne peuvent être autorisés que par une loi. — Pour les travaux de moindre importance, de même que pour les travaux à la charge des départements et des communes, la déclaration d'utilité publique résulte d'un décret rendu en Conseil d'État.

**Septième attribution. — Enquêtes parlementaires.**

A. — Les *enquêtes parlementaires* sont un énergique moyen de contrôle du pouvoir législatif sur le pouvoir exécutif.

Elles peuvent être ordonnées par l'une ou l'autre Chambre, lors même que la constitution ne leur accorde pas formellement ce droit, qui est incontesté aujourd'hui.

Mais il faut prendre garde que le contrôle ne dégénère pas en une ingérence regrettable dans les fonctions administratives ou judiciaires.

L'enquête est faite par une commission spécialement nommée à cet effet par la Chambre.

B. — Après les événements de juin 1848, une enquête avait été ordonnée ; de même en 1871, sur les
actes du gouvernement de la Défense nationale.

En 1877, une enquête fut encore ordonnée sur les
élections législatives du mois d'octobre précédent.

## Article 2.

### ATTRIBUTIONS JUDICIAIRES DE LA SECONDE CHAMBRE.

La Chambre des députés peut mettre le Président
de la République en accusation, devant le Sénat.

Elle peut également mettre les ministres en accusation, pour crime commis dans l'exercice de leurs
fonctions (L. 15 juil. 1875, art. 12, 1° et 2°).

### § 3. — Attributions financières des deux Chambres.

Après de longues luttes avec la royauté, la plupart
des peuples ont fini par conquérir le droit primor-
dial et essentiel pour toute nation libre, de consentir par ses représentants les impôts à percevoir, de
fixer l'usage des fonds recueillis et d'en contrôler
l'emploi.

Ce premier droit une fois conquis sur la royauté,
la lutte s'est renouvelée entre les deux Chambres,

11

dans les pays où la dualité du pouvoir législatif était admise.

La seconde Chambre a revendiqué pour elle une prépondérance marquée en matière de lois financières.

Invoquant son origine, qui la rapproche de plus près des contribuables, se disant l'interprète plus fidèle de la volonté nationale, elle a réclamé d'abord un droit de *priorité* dans la discussion et le vote des lois de finances. Elle a exigé davantage et voulu se réserver l'initiative exclusive des impôts et des dépenses, en refusant à la Haute Chambre, le droit *d'amendement*, c'est-à-dire le droit d'introduire un crédit ou une dépense qui n'aurait pas été préalablement voté par la Chambre des députés.

Parcourons rapidement les phases de la lutte, chez les peuples où elle a laissé le plus de traces dans l'histoire.

**A. — France.**

a. — Historique.

Depuis 1789, le droit a toujours été reconnu aux représentants du peuple : « de fixer les dépenses publiques; d'établir les contributions publiques. » (Const. 1791).

Mais il a toujours été admis que la proposition de la loi de finances, le projet du budget serait dressé et apporté aux Chambres par le ministre des finances, sur les bases des précédents budgets.

Quant à l'initiative réelle, c'est-à-dire à l'introduction d'un crédit ou d'une dépense, la Charte de 1814 la réservait au roi, de même que l'initiative de toute autre loi. Les Chambres étaient seulement appelées à consentir l'impôt proposé. En outre, le droit de priorité de la seconde Chambre est reconnu : la proposition des lois de finances doit être adressée d'abord à la Chambre des députés.

La Charte de 1830 accorda l'initiave des lois, y compris celles de finances, aux Chambres concurremment avec le roi. Le droit de priorité de la seconde Chambre fut de nouveau consacré.

En 1848, l'Assemblée nationale unique votait les lois de finances, et avait toute initiative à ce sujet.

En 1852, le chef de l'État a seul l'initiative des lois ; le Corps législatif discute et vote l'impôt. Pas d'amendement à discuter, sans adhésion préalable du Conseil d'État.

b. — Constitution actuelle.

Sous la constitution de 1875, qui accorde l'initiative des lois concurremment au chef de l'État, au Sénat et à la Chambre des députés, et qui consacre pour les deux Chambres une égalité presque absolue de pouvoirs, la question a dû naturellement se soulever de l'étendue des prérogatives de la seconde Chambre en matière de finances.

Un point doit être tout d'abord mis à l'écart : le droit de *priorité* de la Chambre des députés est formellement reconnu dans l'art. 8, § 2 de la loi du 24 février 1875 : « Les lois de finances doivent être, en premier lieu, présentées à la Chambre des députés. »

Mais une vive controverse s'est soulevée dans l'enceinte législative aussi bien qu'à l'École, sur le droit *d'amendement* du Sénat. En fait, la sagesse des représentants a prorogé indéfiniment la période critique de la lutte : à plusieurs reprises, et sans trancher la question au fond, la Chambre des députés a discuté les amendements proposés par le Sénat.

Ajoutons que, si l'on a contesté à la Chambre haute le droit d'introduire un crédit ou une dépense, on lui a toujours reconnu : 1° le droit de *rejet partiel*, c'est-à-dire le droit de diminuer ou de supprimer les dépenses ou les crédits votés par la Chambre ; 2° le droit de *rejet total* du budget, droit qui peut d'ailleurs servir d'arme au Sénat, pour obtenir l'introduction d'un crédit ou d'une dépense.

### B. — Angleterre.

— L'*initiative* des lois de finances appartient exclusivement au cabinet, depuis 1863.

Le Parlement ne peut ni voter, ni augmenter une

dépense non proposée par le gouvernement, ni introduire de lui-même un crédit. Les pouvoirs des
Chambres sont donc plus restreints en matière financière qu'en toute autre matière.

— Le budget anglais comprend deux parties distinctes :

D'un côté une partie *permanente*, le *fonds consolidé*, voté une fois pour toutes, et que le Parlement peut seulement modifier; il subvient aux dépenses fixes et indispensables : intérêts de la dette
publique, liste civile, etc.

D'un autre côté, les *impôts variables*, alimentant
les budgets de l'armée, de la marine, etc. Cette
seconde partie du budget est l'objet d'un vote an-
nuel : le Parlement lui assigne d'abord l'excédent du
fonds consolidé, et comble ensuite la mesure par des
taxes spéciales. Plusieurs lois financières sont ainsi
votées au cours de l'année; vers la fin de la session, un *bill d'appropriation* récapitule les impôts
votés.

— Quant aux droits respectifs des deux Chambres, celle des Communes a conquis un rang incontesté en matière financière.

Non seulement elle ne souffre aucune atteinte à
son droit de *priorité;* mais elle dénie même à la
Chambre des Lords tout droit *d'amendement.* — Elle
reconnaît seulement à la Chambre haute le droit

presque illusoire de rejet total de chaque bill spécial de finance ou du bill d'appropriation.

### C. — États-Unis d'Amérique.

Le gouvernement est privé de tout droit d'initiative législative.

La Chambre des représentants a un droit de *priorité* en matière d'impôts; il suit de là que l'initiative de première main lui appartient; c'est elle qui propose le budget.

Le Sénat a le droit *d'amendement*, c'est-à-dire l'initiative de seconde main.

On peut donc dire que pour les lois de finances, et sauf la priorité de la Chambre des représentants, les deux assemblées sont investies de pouvoirs égaux.

En cas de dissentiment entre les deux Chambres, une commission formée de membres de l'une et de l'autre présente des propositions, jusqu'à complet accord des deux assemblées.

## SECTION V.

### CONFLITS ENTRE LES DEUX CHAMBRES.

Dans tous les cas où les deux Chambres ont des pouvoirs égaux, comment terminer le conflit, en cas de dissentiment?

En France, nous avons vu un accord amiable se faire entre les deux assemblées, la Chambre consentant à discuter les amendements du Sénat en matière d'impôts. La sagesse des représentants, les nécessités de la marche des affaires publiques, la pression de l'opinion sont autant de motifs sérieux d'affirmer que cet accord se produira toujours.

Aux États-Unis, nous avons vu fonctionner une commission mixte, chargée d'établir l'accord entre les deux Chambres.

En Norvège, on réunit les deux Chambres, et si le dissentiment persiste, l'opinion de la seconde Chambre l'emporte de droit.

On pourrait encore recourir à la nomination par les électeurs de députés spécialement chargés de trancher la question.

Enfin, le suprême remède serait la dissolution de la Chambre des députés, prononcée chez nous par le Président de la République, sur l'avis conforme du Sénat, et la convocation d'une nouvelle Chambre, élue avec l'espoir d'un accord avec la Chambre haute.

## SECTION VI.

### PROCÉDURE PARLEMENTAIRE.

§ 1. — Sessions parlementaires.

**A. — Epoque des sessions.**

Deux systèmes se trouvent ici en présence.

L'un réclamant une session *permanente,* qui se concilierait peut-être avec l'intérêt public, mais fort mal avec les travaux personnels des représentants.

Dans l'autre système, plus pratique, on se contente d'une session *temporaire*.

I. — Le système de la *permanence* des Chambres a triomphé en 1791, en 1793 et sous la constitution de l'an III ; toutefois sous cette dernière, si l'assemblée était en droit permanente, elle avait la faculté de s'ajourner à des termes qu'elle désignait.

En l'an VIII, l'une des fractions du pouvoir législatif, le Tribunat était un corps permanent, qui pouvait s'ajourner avec commission permanente.

II. — Le système des *sessions temporaires* a été appliqué par les autres constitutions, mais avec des variantes nombreuses.

L'Assemblée législative de 1791 fixait elle-même l'époque et la durée de ses sessions.

Constitution de l'an VIII. — Session annuelle ordinaire, de 4 mois ; sessions extraordinaires facultatives.

Premier Empire. — Le chef de l'État convoque et ajourne à volonté le Corps législatif.

Chartes. — Session annuelle, durée fixée par le roi.

Constitution de 1848. — L'Assemblée nationale est permanente. Elle peut s'ajourner à un terme qu'elle fixe. Une commission est nommée pour la convoquer d'urgence dans l'intervalle, s'il y a lieu.

Le second Empire reprend les errements du premier.

III. — Constitution de 1875, L. 16 juillet 1875. Encore en vigueur.

Session *annuelle ordinaire* de *cinq mois* au moins, ouverte le *deuxième mardi de janvier*, sauf convocation antérieure (art. 1). — Ajournement facultatif pour le gouvernement. Toutefois l'ajournement ne peut excéder le terme d'un mois, ni avoir lieu plus de deux fois dans la même session (art. 2).

Sessions *extraordinaires*, sans limite légale de durée. Convocation facultative pour le gouvernement; *obligatoire* pour lui, à la requête de la majorité absolue des membres composant chaque Chambre (art. 2).

**B. — Simultanéité des sessions des deux Chambres** (L. 16 juillet 1875).

En *principe*, les deux Chambres siègent en même temps : la session de l'une commence et finit en même temps que celle de l'autre (art. 1-2°).

Par une double *exception*, en France :

1° Le Sénat peut siéger seul comme Haute Cour de justice (art. 4); mais il ne peut, en ce cas, exercer que des fonctions judiciaires.

2° Le Sénat se réunit de plein droit, seul, en cas de vacance de la présidence de la République, si la

Chambre des députés se trouve dissoute au moment de la vacance (art. 3 - 4°). — Car, si la Chambre n'était pas dissoute à ce moment, les deux Chambres se réuniraient pour élire le nouveau Président.

Toute assemblée de l'une des deux Chambres qui serait tenue hors du temps de la session commune, est illicite et nulle de plein droit, sauf les deux exceptions précédentes (L. 16 juillet 1875, art. 4).

### § 2. — Siège des Assemblées.

#### A. — Principe.

En principe, les deux Chambres siègent dans le même lieu.

Qui fixera le siège des Assemblées?

Tantôt la constitution elle-même, tantôt le Parlement, tantôt le chef de l'État.

#### B. — Historique.

En 1791, l'Assemblée avait reçu le droit de déterminer elle-même le lieu de ses séances.

En l'an III, le Conseil des Anciens pouvait changer la résidence du Corps législatif.

En 1848, c'est encore l'Assemblée qui détermine le lieu de ses séances.

L'Assemblée nationale, nommée en 1871 pour la conclusion de la paix, fut convoquée à Bordeaux et se transféra presque aussitôt à Versailles.

## C. — Constitution actuelle.

### a. — Assemblées législatives.

L'art. 9 de la loi constitutionnelle du 25 février 1875 fixait à Versailles le siège des deux Chambres.

Cet article fut abrogé en 1879.

En conséquence, la loi du 22 juillet 1879, actuellement appliquée, a ramené le siège des pouvoirs publics à Paris.

Le palais du Luxembourg est affecté au service du Sénat, et le Palais-Bourbon au service de la Chambre des députés.

Néanmoins, chacune des deux Chambres demeure maîtresse de désigner, dans la ville de Paris, le palais qu'elle veut occuper.

C'est à partir du 3 novembre 1879 que le Sénat et la Chambre des députés durent siéger à Paris.

### b. — Assemblée nationale.

Dans les cas où il y a lieu de réunir l'Assemblée nationale, elle siège à Versailles, dans le local qui était affecté en 1879 au service de la Chambre des députés.

### c. — Sénat Cour de justice.

La loi du 22 juillet 1879 laissait au Sénat la faculté de désigner la ville et le local où il entendait tenir ses séances (art. 3).

Suivant la loi du 10 avril 1889, le décret qui constitue le Sénat en Cour de justice fixe le lieu de sa première réunion. Mais la Cour a toujours le droit de désigner un autre lieu pour la tenue de ses séances.

### d. — Réunion des délégués des conseils généraux.

Les délégués des conseils généraux réunis par application de la loi du 15 février 1872, en cas de dissolution illégale du Parlement, se réuniraient dans le lieu où se seraient rendus les membres du gouvernement légal et les députés qui auraient pu se soustraire à la violence.

### § 3. — Publicité des séances.

On regarde la publicité comme étant de droit dans ce système représentatif. Mais la Chambre a, en général, la faculté de se former en comité secret, à certaines conditions.

1791. — Publicité, avec faculté de se former en comité secret.

An III. — Publicité restreinte.

An VIII. — Les séances du Sénat sont secrètes. — Publicité restreinte pour les séances du Corps législatif et du Tribunat.

Charte de 1814. — Séances secrètes de la Chambre des pairs ; publiques de la Chambre des députés.

1830. — Les deux Chambres délibèrent et votent publiquement.

1848. — La publicité est maintenue.

1852. — Au Sénat, pas de publicité ; à la Chambre, séances publiques.

1870. — Publicité même des séances du Sénat.

Ajoutons que depuis 1814, la demande de cinq membres suffisait pour que la Chambre dont les séances étaient publiques se formât en comité secret.

1875. — Les séances des deux Chambres sont *publiques*. — Néanmoins chacune d'elles a la faculté de se former en comité secret, sur la demande d'un certain nombre de ses membres, fixé par le règlement. Le nombre fixé est de 5 membres, au Sénat; de 20 membres, à la Chambre. La décision est prise sans débat public. — La Chambre qui s'est formée en comité secret décide ensuite à la majorité absolue si la séance doit être reprise en public sur le même sujet (L. 16 juil. 1875, art. 5).

### § 4. — Règlement des Assemblées.

La rédaction du règlement intérieur des assemblées a une grande importance : car c'est le règlement qui garantit la liberté des représentants entre eux. Le *règlement* n'est pas toujours fait par les Chambres.

La Constituante avait fait le sien.

Sous le premier et sous le second Empire, le règlement des Chambres se faisait par décret impérial.

Depuis 1875, chaque Chambre est maîtresse de son règlement.

Les règlements actuels datent de 1876.

C'est le président de chaque assemblée qui applique le règlement et qui consulte la chambre, en cas de doute sur un article.

Chaque membre a droit de parler pour un rappel au règlement.

### § 5. — Bureau de chaque Chambre.

A. — On distingue le bureau *provisoire* du bureau *définitif*.

1° Le bureau *provisoire* fonctionne au début d'une législature et au début de chaque session ordinaire.

Lorsqu'il n'est pas élu, il se compose, comme aujourd'hui, du membre le plus âgé, président, et des plus jeunes membres, secrétaires.

Il procède à la nomination du bureau définitif.

2° Le bureau *définitif* comprend un président, des vice-présidents, des secrétaires et des questeurs.

Le Sénat actuel a un président, quatre vice-présidents, six secrétaires et trois questeurs. — Le bureau de la Chambre est composé de même, seulement il y a huit secrétaires.

B. — Le bureau dirige les délibérations de la Chambre.

Le *président* maintient l'ordre et fait observer le règlement.

Les *secrétaires* surveillent la rédaction des procès-verbaux.

Les *questeurs* tiennent les comptes de la Chambre. Celle-ci a son budget spécial, qu'elle administre seule.

Le bureau définitif reste en exercice pendant toute l'année, même pour les sessions extraordinaires (L. 16 juill. 1875, art. 11-1°).

C. — Le bureau du *Congrès*, lorsque les deux Chambres se réunissent en Assemblée nationale, se compose des président, vice-présidents et secrétaires du Sénat (L. 16 juil 1875, art. 11-2°).

D. — La manière dont le bureau est organisé a une grande influence sur l'indépendance du Parlement : selon que le bureau, ou tout au moins son président, est nommé par le chef de l'État, ou élu par la Chambre.

Le système de nomination du président prévalut sous l'Empire et sous la Restauration.

Aujourd'hui chacune de nos Chambres nomme elle-même tout son bureau.

En Angleterre :

La Chambre des lords est présidée par le chancelier.

Celle des communes a son *speaker*, élu par elle.

### § 6. — Division de la Chambre en bureaux.

Depuis 1814, chaque Chambre est divisée en *bureaux*.

Ils sont tirés au sort chaque mois, sauf proroga-
tion de leurs pouvoirs. — Ils élisent chacun leur président et leur secrétaire.

Les bureaux sont chargés de l'examen préalable
des affaires, et de la nomination des membres des
commissions, dont nous allons parler.

### § 7. — Comités.

Les *comités* sont des réunions *permanentes*, avec
mandat *général*, composées de membres des assemblées.

Institués par la Constituante, et maintenus par la
Législative, ils prirent sous la Convention une influence prépondérante, qui mit en relief tous les abus
de l'institution : il suffit de rappeler le trop fameux
Comité de salut public.

Les comités ont disparu en France.

Ils existent encore en Suède.

### § 8. — Commissions.

Les *commissions* sont des réunions *temporaires*,
avec mandat *spécial*, composees des membres des
assemblées.

Elles offrent moins de dangers que les comités et
assurent l'étude approfondie des projets de loi.

Les commissions sont nommées, soit en *séance
publique*, soit dans les *bureaux*.

Chacune d'elles nomme un président, un secrétaire et un rapporteur.

Chaque année, le Sénat, comme la Chambre nomment une *commission du budget*, pour l'examen des lois de finances.

Il y a quatre *commissions mensuelles*, parmi lesquelles la commission *d'initiative parlementaire*. Celle-ci passe au crible les projets de loi d'initiative parlementaire.

Les séances des commissions sont secrètes.

### § 9. — Débats parlementaires.

**A. — Lecture et adoption du procès-verbal de la séance précédente.**

Chaque membre a droit de faire ses observations sur la rédaction du procès-verbal.

**B. — Ouverture des débats parlementaires.**

Suivant l'ordre du jour fixé à la fin de la séance précédente.

La Chambre est toujours maîtresse de modifier son ordre du jour.

**C. — Propositions.**

Les propositions émanées du Gouvernement sont déposées écrites par l'un des ministres.

Les propositions émanées de l'un des représentants sont déposées par lui, écrites et accompagnées d'un exposé de motifs.

***

### D. — Question préalable.

A la demande des représentants, la Chambre a la faculté d'écarter une proposition sans examen, par la *question préalable*.

Celle-ci peut être réclamée d'emblée, lorsqu'il y a eu déclaration d'urgence ; sinon, seulement après le rapport de la commission d'initiative.

### E. — Ordre de la discussion.

Quelles propositions auront la *priorité* sur les autres ?

Voici l'ordre dans lequel se déroule la discussion sur un projet de loi.

D'abord la question préalable, si elle est proposée.

En deuxième lieu, les amendements au projet.

En troisième ligne, le projet de la commission.

Enfin le projet primitif.

Sur chacune de ces propositions, on entend alternativement un orateur *pour* et un orateur *contre*.

Les orateurs parlent à la tribune, non à leur place ; ils peuvent lire leur discours.

### F. — Délibérations.

*a.* — La *multiplicité* des délibérations garantit la maturité de la décision.

Elle est surtout utile, lorsque le pouvoir législatif est confié à une assemblée unique.

*b.* — En France, les constitutions ont alterné

entre les deux systèmes de l'*unité* et de la *multipli-cité* des délibérations.

Celle de 1791 exigeait trois lectures.

En 1814, les projets d'initiative privée étaient éga-lement soumis à une triple délibération.

En 1793, à l'inverse, on s'était prononcé pour la lecture unique.

c. — La constitution de 1875 est muette sur la question, mais le Sénat aussi bien que la Chambre des députés ont consacré le système de la multipli-cité. Chaque Chambre exige, en principe, *deux* lec-tures, à cinq jours d'intervalle au moins.

Par exception, *une seule* lecture suffit :

1° Pour les lois *financières,* soigneusement prépa-rées par la commission du budget.

2° Pour les lois d'*intérêt local,* déjà étudiées par une commission spéciale.

3° Pour les lois déclarées *urgentes* par la Chambre. — Chaque membre du Parlement, le Gouvernement lui-même, a droit de demander la déclaration d'ur-gence, afin de simplifier la procédure, et de gagner du temps. — La déclaration ne peut plus être de-mandée après le vote des articles. — La demande peut être retirée : au Sénat, avant la discussion des articles; à la Chambre, au cours même de la dis-cussion, mais avant le vote sur l'ensemble de la loi.

### G. — Quorum.

A. — Ce mot désigne le *minimum* du nombre de membres *présents* nécessaire pour la validité d'un vote. — Si l'on n'en fixait pas le chiffre : d'un côté, la minorité présente émettrait un vote valable, en l'absence de la majorité ; d'un autre côté, l'absence de la minorité empêcherait la majorité d'émettre des votes valables.

Le *quorum* est exigé pour le vote, mais non pour la discussion.

B. — En France, le *quorum* a beaucoup varié.

Depuis 1871, il est, en principe, de la *moitié plus un* du nombre des *sièges*.

Mais dans l'application, le règlement du Sénat diffère de celui de la Chambre.

A la Chambre, il suffit que le nombre des membres *présents* y compris ceux qui s'abstiennent de voter, représente le *quorum*.

Au Sénat, on compte seulement les *votants*, dont le nombre doit atteindre le *quorum*.

C. — En Angleterre, la présence de *trois* membres suffit à la Chambre des Lords ; il en faut *quarante* à celle des communes.

### H. — Vote.

#### a. — Division du vote.

Afin que le vote d'un article soit plus éclairé, tout membre a droit d'en demander la division. En ce cas, à la suite des votes divisés, la Chambre émet un vote sur l'ensemble de l'article.

**b. — Mode de votation.**

Le vote se fait : par *assis et levé*, au *scrutin public*, au *scrutin secret*, avec appel nominal.

1° Le vote par *assis et levé*, plus rapide, est le plus fréquent.

2° Le vote au *scrutin public* est obligatoire : — quand le vote par assis et levé demeure douteux à la seconde épreuve; — à la demande de dix membres au Sénat, de vingt à la Chambre; la demande doit être écrite et signée.

Le scrutin public se fait par le dépôt d'un bulletin portant le nom du représentant, blanc pour l'adoption, bleu pour le rejet.

Le scrutin public se fait dans les bancs ou à la tribune. — Au premier cas, des urnes circulent dans les rangs pour recevoir les bulletins. — Le scrutin public à la tribune doit être réclamé par 40 députés.

Les noms des votants sont insérés au *Journal officiel*.

3° Le vote au *scrutin secret* est possible, dans les mêmes cas que le scrutin public; lorsque vingt sénateurs, ou cinquante députés le réclament.

Dans ce vote, qui se fait à la tribune, des boules noires ou blanches remplacent les bulletins.

— Dans le vote public, comme dans le vote secret, chaque représentant peut demander que le vote se fasse sur *appel nominal*, afin d'éviter que l'on ne vote pour les *absents*.

c· — En Angleterre, les membres de la Chambre des communes votent par : content, ou non content. En cas de doute sur le résultat, les députés se rangent, suivant leur opinion, dans deux couloirs, où ils sont comptés par deux scrutateurs d'opinion opposée.

### § 10. — Procès-verbaux des séances.

A chaque séance, un *procès-verbal* succinct est rédigé sous la surveillance des secrétaires. On n'y insère que les paroles entendues par le bureau et l'assemblée. Mais le président ne pourrait exiger la suppression d'un discours entendu.

Le procès-verbal est lu par un secrétaire et adopté par la Chambre à la séance suivante.

### § 11. — Comptes-rendus des séances.

Le *compte-rendu* est *analytique* ou *in extenso*.

Ce sont les Chambres qui font rédiger l'un et l'autre.

Le compte-rendu *analytique* est plus détaillé que le procès-verbal.

Le compte-rendu *in extenso* est la reproduction fidèle des séances.

— A partir de 1848, le compte-rendu devint officiel et fut communiqué à la presse.

Sous le second Empire, il fut d'abord défendu aux journaux de reproduire autre chose que le procès-verbal des séances (Const. 1852, art. 42).

A partir de 1861, les journaux purent insérer : soit le compte-rendu analytique, soit le compte-rendu *in extenso*, qui leur étaient officiellement communiqués (S. C. 1861).

Aujourd'hui, la publicité est entièrement libre, les journaux reproduisent comme ils l'entendent le compte-rendu des séances parlementaires.

— En Angleterre aussi, la publicité est absolument libre : il n'y a, pas plus que chez nous aujourd'hui, de compte-rendu officiel obligatoire.

— Aux États-Unis, un journal des délibérations est rédigé par le Congrès et rendu public.

### § 12. — Police des Assemblées.

Elle appartient au président de l'Assemblée.

#### A. — Mesures disciplinaires.

A. — En France, on compte jusqu'à sept mesures disciplinaires que le président de l'Assemblée peut prendre contre un membre du Parlement.

1° *Exclusion de la séance.*

Contre les membres qui empêchent la discussion, ou se livrent à des violences regrettables.

Elle est prononcée par le président, exécutée au besoin par la force, et peut être corroborée par les arrêts dans un local spécial.

2° *Rappel à l'ordre.*

Il peut être réitéré, avec privation de la parole.

3° *Rappel à l'ordre avec inscription au procès-verbal.*

Il emporte privation, pendant quinze jours, de la moitié de l'indemnité parlementaire.

Les rappels sont prononcés par le président.

4° *Censure simple.*

Elle entraîne l'exclusion temporaire, pour quinze séances; trente, s'il y a récidive.

5° *Censure avec privation de l'indemnité* parlementaire pendant un ou deux mois.

La censure est prononcée par la Chambre, sur la proposition du président.

6° *Affichage* de la condamnation encourue, aux frais du député, dans sa circonscription.

7° *Inscription* à l'*Officiel* et privation d'indemnité, pour le député absent, sans congé régulièrement accordé par la Chambre.

B. — En Angleterre, à la Chambre des Lords, il n'existe pas de mesure disciplinaire; le chancelier président est désarmé.

A la Chambre des communes, outre le rappel à l'ordre et le droit d'exiger des excuses, le député peut être exclu, non-seulement de la séance, mais de la Chambre même, sauf à ses électeurs à le nommer de nouveau.

**B. — Suspension, levée des séances.**

Le président peut prononcer :

La suspension pour une heure, avec renvoi dans les bureaux.

La suspension, avec renvoi au lendemain.

La levée de la séance.

**C. — Délits commis pendant les séances.**

Le président, en pareil cas, lève la séance, et le bureau informe le procureur général.

## SECTION VII.

### PRIVILÈGES DES ASSEMBLÉES ET DE LEURS MEMBRES.

*L'indépendance* et la *dignité* des Chambres ont exigé certaines garanties ; de même qu'il a fallu assurer, autant que cela pouvait se concilier avec l'ordre public, la pleine *liberté* du représentant d'exercer son mandat.

#### § 1. — Garanties collectives des Assemblées.

*L'indépendance* des Chambres est garantie par certaines mesures de sûreté ; leur *dignité*, par les peines prononcées contre les auteurs des offenses qui leur sont faites.

13

### A. — Mesures de sûreté.

En 1789, la garde de l'Assemblée était confiée au roi. Plus tard une garde de service fut fournie à la représentation nationale par la garde sédentaire des départements. Enfin les consuls eux-mêmes organisèrent la garde du Corps législatif.

Interdiction était en outre prononcée de laisser pénétrer la force armée dans un certain périmètre autour de l'Assemblée.

En 1848, le Parlement lui-même détermine la force publique à laquelle il confie sa garde. Il a le droit de requérir la force armée pour sa défense.

En 1879, ce dernier droit a été rendu au Parlement.

Les présidents du Sénat et de la Chambre veillent à la sûreté intérieure et extérieure de l'Assemblée qu'ils président. — Ils ont droit de requérir la force armée et toutes les autorités, ou de déléguer leur droit de réquisition aux questeurs. — Tout fonctionnaire requis est tenu, sous les peines légales, d'obtempérer à la réquisition (L. 22 juil. 1879, art. 5).

### B. — Offenses aux Chambres.

Sous la Restauration, la Chambre pouvait traduire à sa barre ceux qui étaient prévenus d'offenses contre elle, et leur appliquer les peines légales; ou bien, si elle le préférait, ordonner la poursuite devant les tribunaux de droit commun.

— En 1875, la poursuite fut permise d'office au ministère public, sur l'ordre du garde des sceaux.

— La loi sur la presse, du 29 juillet 1881, abrogeant les lois antérieures sur les offenses faites aux Chambres, règle à nouveau la question. Voici ses dispositions à ce sujet :

La poursuite a lieu sur la réquisition de la Chambre offensée, réunie en assemblée générale.

Le diffamateur est traduit devant la Cour d'assises (art. 47).

L'accusé a le droit, pour sa défense, de faire la preuve des faits diffamatoires allégués par lui (art. 35-1°).

La diffamation envers les Chambres, commise par certains moyens que prévoient les articles 23 et 28, est punie d'un emprisonnement de huit jours à un an, et d'une amende de 100 francs à 3000 francs, ou de l'une de ces deux peines seulement. (art. 30).

— Les Chambres anglaises ont le droit qu'avaient les nôtres en 1819, de traduire les prévenus à leur barre et de les condamner.

§ 2. — Droit des assemblées sur les membres de chacune d'elles.

1° Chaque Chambre prononce, sur le vu des pièces justificatives, la *déchéance* du représentant qui, pendant la durée de son mandat, aura été frappé d'une condamnation emportant la privation du droit d'être élu (D. O. 2 févr. 1852, art. 28).

On a discuté la question de savoir si la condamnation par contumace emportait, comme la condamnation contradictoire, la déchéance du représentant.

Chaque Chambre peut seule recevoir la *démission* de l'un de ses membres (L. 16 juil. 1875, art. 10).

### § 3. — Garanties individuelles des membres du Parlement.

Chaque membre de l'une ou de l'autre Chambre jouit d'une triple garantie : l'*irresponsabilité*, l'*inviolabilité*, et la faculté de poursuivre ses diffamateurs.

### A. — Irresponsabilité politique.

L'*irresponsabilité* assure l'indépendance nécessaire aux représentants.

Voici en quoi elle consiste :

Aucun membre de l'une ou de l'autre Chambre ne peut être poursuivi ou recherché à l'occasion des opinions ou votes émis par lui dans l'exercice de ses fonctions (L. 16 juil. 1875, art. 13).

Cette immunité absolue s'étend-elle aux discours prononcés hors de la Chambre, dans des réunions officieuses ? — On a bonne raison d'en douter, surtout si l'on rapproche de notre texte l'article 41 de la loi du 29 juillet 1881 : « Ne donneront ouverture à aucune action les discours tenus dans le sein de l'une des deux Chambres, ainsi que les rapports imprimés par l'ordre des deux Chambres. »

La question est plus délicate, au sujet des diffamations contre les particuliers, contenues dans un discours prononcé à la Chambre. Peut-être serait-il bon, comme en Angleterre, de ne pas étendre jusque-là l'immunité parlementaire.

Ajoutons, à propos des discours des représentants, que la nécessité d'une autorisation pour leur publication a disparu en 1870 ; et que l'affichage même des discours est permis depuis 1881.

#### B. — Inviolabilité judiciaire.

L'*inviolabilité judiciaire*, appelée *garantie parlementaire*, empêche que le député ne soit entravé dans l'exercice de son mandat.

Aucun membre de l'une ou de l'autre Chambre ne peut, pendant la durée de la session, et sauf le cas de flagrant délit, être poursuivi ou arrêté, en matière criminelle ou correctionnelle, qu'avec l'autorisation de la Chambre dont il fait partie (L. 16 juil. 1875, art. 14-1º).

Le député élu peut invoquer cette garantie, même avant la validation de son élection.

L'inviolabilité ne protège le représentant que pendant la session parlementaire. Toutefois la poursuite ou la détention, commencée pendant l'intervalle des sessions est suspendue pendant toute la session, et pour toute sa durée, si la Chambre le requiert (L. 16 juillet 1875, art. 14).

La demande d'autorisation de poursuite est permise au garde des sceaux d'abord ; ensuite au particulier victime du délit reproché au député.

La Chambre n'apprécie pas les faits reprochés au député ; elle examine seulement si la demande est sincère et n'est pas formée dans le but politique d'entraver le député dans ses fonctions.

La garantie offerte par l'inviolabilité est d'ordre public, et le représentant n'a pas le droit d'y renoncer.

Il semble juste que la prescription de l'action à exercer contre le député, soit suspendue depuis la demande d'autorisation jusqu'à l'autorisation. — La Cour d'assises de la Seine a même admis la suspension pendant la durée de la session.

La garantie parlementaire ne met aucun obstacle aux poursuites en matière civile, pas même aux demandes de dommages-intérêts portées devant les tribunaux civils.

### C. — Poursuite des diffamateurs.

Sera puni d'un emprisonnement de huit jours à un an et d'une amende de 100 francs à 300 francs, ou de l'une de ces deux peines seulement, la diffamation commise par certains moyens, contre un ou plusieurs membres de l'une ou de l'autre Chambre.

Ce sont les peines que nous avons déjà vu édicter contre ceux qui se rendaient coupables d'offenses envers les Chambres.

Ces peines sont prononcées par l'article 31 de la loi sur la presse, du 29 juillet 1881. Les moyens dont il est question sont énumérés dans les art. 23 et 28 de la même loi.

La poursuite n'a lieu que sur la plainte des offensés.

Ici encore la Cour d'assises est compétente.

L'accusé peut faire la preuve des faits diffamatoires, allégués par lui, s'ils sont relatifs aux fonctions, par les voies ordinaires. S'il rapporte cette preuve, il est acquitté.

La preuve contraire à celle de l'accusé est réservée au député (L. 29 juil. 1881, art. 35).

### § 4. — Indemnité parlementaire.

A. — La gratuité du mandat législatif est un excellent correctif du suffrage universel.

Mais, d'un autre côté, elle écarte parfois des hommes pauvres qui pourraient être utiles au pays

Ajoutons que l'indemnité parlementaire garantit l'indépendance de l'élu à l'égard de ses électeurs.

La plupart des constitutions ont adopté le principe de l'indemnité parlementaire.

Les républiques d'ailleurs admettent l'indemnité législative plus facilement que les monarchies.

Il y a pourtant d'importantes exceptions : en Angleterre, en Allemagne, en Italie, etc.

B. — En France, aujourd'hui :

1º Les présidents du Sénat et de la Chambre des députés ont chacun un traitement de 72.000 francs.

2º Chaque sénateur ou député touche une indemnité de 9.000 francs par an, payable par mois, à compter de son élection (L. 30 nov. 1875, art. 17).

Les fonctionnaires élus députés, les députés nommés fonctionnaires (quand il n'y a pas incompatibilité) ne peuvent cumuler l'indemnité législative avec le traitement attribué à leur fonction : ils ne touchent que le montant de la plus forte des deux valeurs (L. 16 février 1872).

Le Conseil d'État a déclaré que la défense du cumul ne s'appliquait pas aux sénateurs.

3º Les représentants ont leur parcours gratuit sur les chemins de fer.

Complétons notre étude de l'organisation des pouvoirs publics constitués : le pouvoir législatif nous est connu ; reste le pouvoir exécutif.

## CHAPITRE II.

### POUVOIR EXÉCUTIF.

Lorsque la loi est votée, il faut l'appliquer.

Le *pouvoir exécutif* est chargé de l'exécution de la loi faite par le pouvoir législatif.

En nous reportant aux développements donnés sur le principe de la séparation des pouvoirs, rappelons-nous la division adoptée pour les pouvoirs constitués, en pouvoirs législatif, exécutif et judiciaire.

Nous venons d'étudier le pouvoir législatif. — L'étude du pouvoir judiciaire a été renvoyée à la Procédure civile. — Reste donc le pouvoir exécutif, dont l'étude fait l'objet du présent chapitre.

Rappelons encore que le pouvoir exécutif, dans la division pratique, comprend ou plutôt englobe le pouvoir administratif.

On peut donc dire que, dans son sens le plus général, le pouvoir exécutif est l'ensemble des fonctionnaires chargés de veiller à l'exécution des lois; en ce sens, le mot pouvoir exécutif embrasse le gouvernement et toute l'administration.

Mais, dans le sens spécial où la prend le droit constitutionnel, l'expression pouvoir exécutif s'entend seulement du gouvernement, c'est-à-dire du chef de l'Etat et des ministres.

Encore le droit administratif a-t-il attiré à lui l'étude de ce qui concerne les ministres.

Il suit, de ces éliminations successives, qu'en droit constitutionnel, l'étude du pouvoir exécutif se ramène à celle du chef ou des chefs de ce pouvoir exécutif.

Nous ajouterons pourtant quelques notions sur les ministres.

## SECTION I.

### ORGANISATION DU POUVOIR EXÉCUTIF.

Quelle sera la *forme* du pouvoir exécutif?

Par quel *mode* s'établira ce pouvoir?

#### § 1. — Forme du pouvoir exécutif.

Les constitutions ont à choisir entre la forme *unitaire* et la forme *collective*.

Dans la première, une seule personne est à la tête du gouvernement.

Dans la seconde, un Conseil exerce les fonctions exécutives.

On a presque toujours et partout abandonné la forme collective pour la forme unitaire du pouvoir exécutif. — Délibérer est le fait de plusieurs, mais agir est le fait d'un seul. — S'il est bon que les conseils et les tribunaux soient composés de plusieurs membres, il est bon aussi de remettre l'action aux mains d'un seul homme.

Toutefois, sous le régime parlementaire, l'unité est plus apparente que réelle; lors même que la constitution reconnaît un seul chef du pouvoir exécutif, c'est en réalité une collectivité qui gouverne, à savoir le ministère seul responsable; c'est l'application de la formule célèbre : le roi règne et ne gouverne pas. On pourrait dire que, sous le régime parlementaire, il n'y a qu'un chef du pouvoir exécutif, mais que le pouvoir exécutif lui-même est un être collectif.

La France avait fait, sous la Convention et sous le Directoire, un triste essai de la forme collective du pouvoir exécutif.

Aujourd'hui, sauf peut-être seulement en Suisse, où le pouvoir exécutif est confié à un Conseil fédéral, nommé par l'Assemblée fédérale, la forme unitaire a été adoptée.

### § 2. — Désignation du Chef du pouvoir exécutif.

Une fois la forme unitaire adoptée, par quel moyen sera désigné le Chef de l'Etat?

Deux modes se trouvent en présence : *l'hérédité*, *l'élection*.

#### Premier mode. — Hérédité.

L'*hérédité* est le mode adopté dans les monarchies modernes : l'Angleterre, l'Allemagne, l'Autriche, la Russie, etc., ont un monarque héréditaire.

En général, la transmission du pouvoir exécutif

par hérédité se fait de mâle en mâle, ou par ordre de primogéniture.

L'hérédité peut se concilier avec la souveraineté nationale, si l'on considère le roi comme le délégué de la nation, tenant ses pouvoirs du peuple, et non du droit divin. — (Constit. 1791.)

**Second mode. — Élection.**

L'*élection* est surtout en usage dans les républiques.

La France, en 1848 et en 1872, a consacré l'élection comme mode de transmission du pouvoir exécutif.

### § 3. — Mode d'élection.

Roi ou Président, le chef de l'État, lorsqu'il est élu, est choisi au suffrage direct ou au suffrage indirect.

a. — Le suffrage *direct* ou à un seul degré est employé dans quelques petites républiques américaines : Paraguay, Honduras, Vénézuela, etc.

On reproche au suffrage direct de favoriser les menées des prétendants.

Il fut pratiqué chez nous en 1848 : le général Cavaignac et le prince Louis-Napoléon furent nommés par le suffrage universel direct.

b. — Le suffrage *indirect* ou à deux degrés peut encore ici revêtir des formes très variables.

En France :

Sous la constitution de l'an III, le Conseil des

Cinq-Cents formait, au scrutin secret, une liste de cinquante noms, parmi lesquels le Conseil des Anciens choisissait, aussi au scrutin secret, les cinq Directeurs.

Suivant la constitution actuelle, le Président de la République est élu à la majorité absolue des suffrages par le Sénat et par la Chambre des députés réunis en assemblée nationale (L. 24 fév. 1875, art. 2).

### § 4. — Epoque de l'élection.

**Premier cas. — Expiration des pouvoirs du Président.**

Un mois au moins avant le terme légal des pouvoirs du Président de la République, les Chambres devront être réunies en Assemblée nationale pour procéder à l'élection du nouveau Président.

A défaut de convocation, cette réunion aura lieu de plein droit le quinzième jour avant l'expiration de ces pouvoirs (L. 16 juil. 1875, art. 3, 1°, 2°).

**Deuxième cas. — Vacance par décès ou par démission du Président.**

En cas de vacance par décès ou par démission du Président, les deux Chambres se réunissent immédiatement et de plein droit pour procéder à l'élection d'un nouveau Président (L. 16 juil. 1875, art. 3, 3°. — L. 24 fév. 1875, art. 7).

Dans l'intervalle, le conseil des ministres est in-

14

vesti du pouvoir exécutif (L. 24 fév. 1875, art. 7).

**Troisième cas.** — **Condamnation du Président**, accusé de haute trahison, et jugé par le Sénat.

Les deux Chambres se réunissent immédiatement pour élire un nouveau Président (L. 25 fév. 1875, art. 7) : c'est la solution qui résulte des termes de cet article, lequel prévoit la vacance par décès, « ou pour *toute autre cause.* »

En conséquence, et par analogie avec ce qui se passe dans le deuxième cas, on doit décider que pendant l'intervalle, le conseil des ministres est investi du pouvoir exécutif.

Dans le cas où, par application de la loi constitutionnelle du 25 février, la Chambre des députés se trouverait dissoute au moment où la présidence de la République deviendrait vacante, les collèges électoraux seraient aussitôt convoqués, pour procéder à l'élection d'une nouvelle Chambre, et le Sénat se réunirait de plein droit (L. 16 juill. 1875, art. 3-4°).

### § 5. — Conditions d'éligibilité.

A. — Quant à l'*éligibilité*,

— En France :

La constitution de l'an III exigeait une condition d'âge : Les Directeurs devaient être âgés de quarante ans au moins. — En outre, ils ne pouvaient être pris que parmi les citoyens qui avaient été membres du Corps législatif ou ministres.

En 1848, le Président devait être né Français, et être âgé de trente ans.

La constitution de 1875 n'a indiqué aucune condition d'éligibilité.

Evidemment, le Président doit être citoyen français et jouir de ses droits civils et politiques.

La loi du 14 août 1884 déclare *inéligibles* les membres des familles qui ont régné en France (art. 2-3°).

— Aux États-Unis, le Président doit avoir trente-cinq ans, et avoir résidé aux États-Unis depuis quatorze ans.

B. — Quant à la *rééligibilité*,

— En France :

1848. Le Président n'était rééligible qu'après un intervalle de quatre années.

1875. Rééligibilité indéfinie et sans condition aucune : règle sans danger, puisque la réélection est confiée au Congrès (L. 25 fév. 1875, art. 2).

— Aux États-Unis, une tradition constante n'admet qu'une seule réélection.

C. — Il est certain, malgré le silence de la constitution sur ce point, que la fonction du Président de

la République est *incompatible* avec les autres fonctions publiques.

### § 6. — Durée des pouvoirs.

Elle est aussi variable que possible, dans les différentes républiques.

Chez nous, au lieu de la période de quatre années,
admise en 1848, la loi du 20 novembre 1873 avait
limité à *sept* années la durée des fonctions présiden-
tielles.

La loi du 25 février 1874, art. 2, a maintenu la
durée *sept* ans.

### § 7. — Résidence, Traitement du Président.

Le Président de la République réside à Paris,
depuis la loi du 21 juin 1879, qui a fixé dans cette
ville le siège du pouvoir exécutif (art. 1).

Le palais de l'Élysée est actuellement affecté à sa
résidence.

Le Président n'a pas de liste civile, comme un roi,
mais seulement une indemnité variable, inscrite
annuellement au budget, indemnité de 600.000 francs,
chiffre que la constitution de 1848 avait inscrit dans
son texte.

### § 8. — Responsabilité du Président.

Nous avons dit que, sous le régime parlementaire,

les ministres seuls étaient responsables, non le chef de l'État. Aussi l'article 6 de la loi du 25 février 1875, porte-t-il : « Le Président de la République n'est responsable que dans le cas de haute trahison. »

La constitution est muette sur la définition du crime de haute trahison, et sur les peines à prononcer.

Ce serait au Sénat constitué en Cour de justice à déterminer l'un et les autres.

### § 9. — Vice-Président.

— En France :

En 1848, un Vice-Président était nommé par l'Assemblée nationale, sur la présentation de trois candidats faite par le Président de la République.

Il n'y a plus de vice-président en France.

— Aux États-Unis, un Vice-Président est élu de la même manière que le Président, et en même temps que lui.

Celui qui a le plus de voix est Président ; celui qui réunit le plus de voix après lui est Vice-Président.

Le Vice-Président préside le Sénat et fait les fonctions de Président, en cas de vacance.

## SECTION II.

### ATTRIBUTIONS DU CHEF DU POUVOIR EXÉCUTIF.

Le Chef du pouvoir exécutif a des attributions *politiques*, *législatives* et *administratives*.

Les actes du Président de la République française portent le nom de *décrets*.

« Chacun des actes du Président doit être contre-signé par un ministre. » (L. 25 fév. 1875, art. 3).

Le Président de la République peut aussi communiquer avec les Chambres par des *messages* qui sont lus à la tribune par un ministre (L. 16 juil. 1875, art. 6-1°).

### § 1. — Attributions politiques du Chef du pouvoir exécutif.

Sous la rubrique : attributions *politiques* se rangent les attributions que le Chef de l'État exerce comme souverain; ce qui leur fait donner souvent le nom de droits de *souveraineté*.

### Première attribution politique. — Dissolution du Parlement.

#### A. — Principes.

C'est surtout sous le régime parlementaire que le Chef de l'État doit mettre fin aux conflits, ouverts ou latents, existant entre le Parlement et les ministres, conflits qui seraient insolubles sans l'intervention du souverain. Une convocation des électeurs, succédant à la dissolution du Parlement, ouvre aussitôt à l'opinion publique son mode naturel de manifestation.

Les principes veulent que le droit de dissolution s'exerce seulement contre les assemblées issues de l'élection; mais la réciproque ne serait pas exacte :

toute Chambre élue n'est point par là même sujette
à dissolution : chez nous, aujourd'hui, le Président
n'a pas le droit de dissoudre le Sénat, qui est pourtant un corps électif.

**B. — Application des principes.**

*a.* — En général, le chef de l'État exerce son droit
de dissolution, lorsqu'il y a conflit déclaré entre le
pouvoir exécutif et le pouvoir législatif.

Mais il peut arriver aussi, qu'en dehors d'un conflit ouvert, il dissolve le Parlement avant l'expiration
légale de son mandat, afin de connaitre l'état présent de l'opinion publique.

Ce dernier usage, constant en Angleterre, a été
plusieurs fois pratiqué dans notre pays.

Le chef de l'État doit user avec grande discrétion du
remède énergique de la dissolution, dont l'usage abu-
sif serait contraire à l'esprit du régime représentatif.

*b.* — Plusieurs fois l'appel à la nation fut un coup
d'État déguisé, plutôt qu'une véritable consultation
de l'opinion publique.

Charles X, en 1830, avait prononcé une seconde
dissolution, avant même la réunion de la Chambre
qui venait d'être élue.

En 1877, l'impossibilité de percevoir légalement
l'impôt empêcha le maréchal de Mac-Mahon de prononcer une seconde dissolution.

*c.* — La constitution de 1875 reconnait formellement au Président de la République le droit de dissolution, mais seulement avec le concours du Sénat.

« Le Président de la République peut, sur l'avis conforme du Sénat, dissoudre la Chambre des députés avant l'expiration légale de son mandat. » (L. 25 févr. 1875, art. 5-1°).

### C. — Convocation subséquente des électeurs.

Rappelons ce que nous avons déjà indiqué à ce sujet, en traitant de l'époque des élections de députés.

La constitution de 1875 portait que, en cas de dissolution de la Chambre, les collèges électoraux seraient *convoqués* pour de nouvelles élections dans le délai de *trois* mois (L. 25 févr. 1875, art. 5-2°).

Ce texte avait donné lieu à une double interprétation : les uns se contentaient de la convocation des électeurs faite dans les trois mois ; les autres voulaient que l'élection même se fît dans ce délai.

La loi de révision du 14 août 1884, a fait disparaître cette difficulté, en prescrivant de *réunir* les électeurs dans le délai légal. — Elle a en outre réduit ce délai à *deux* mois.

Enfin, la Chambre doit être réunie dans les *dix* jours qui suivent la clôture de l'élection, c'est-à-dire qui suivent le dernier scrutin de ballotage.

**Deuxième attribution politique. — Fixation des sessions parlementaires.**

A. — Ouverture des sessions.

*a.* — Pour les sessions *ordinaires* :

Dans les monarchies, sauf en Belgique, l'époque de l'ouverture est fixée par le souverain.

Dans les républiques, par la loi.

Nous avons déjà vu qu'en France la session annuelle ordinaire s'ouvrait le deuxième mardi de janvier. — Toutefois le Président de la République peut avancer l'époque d'ouverture de la session ordinaire (L. 16 juill. 1875, art. 1-1°).

*b.* — Pour les sessions *extraordinaires*, l'époque est toujours fixée par le gouvernement.

Elles sont facultatives, en principe, pour le pouvoir exécutif; mais elles deviennent obligatoires, si, dans l'intervalle des sessions, la majorité absolue des membres composant chaque Chambre demande la convocation en session extraordinaire (L. 16 juillet 1875, art. 2-1°).

B. — Clôture des sessions.

— En France, l'époque de la clôture est fixée par le Président, après entente officieuse avec les Chambres. C'est donc le Président de la République qui prononce la clôture de la session (L. 16 juill. 1875, art. 2-1°).

Rappelons toutefois que le minimum de la session

ordinaire est de *cinq* mois (même loi, art. 1-2°).

— Aux États-Unis, si les Chambres sont d'accord, elles fixent elles-mêmes le jour de la clôture ; sinon, ce soin est dévolu au Président.

### C. — Ajournement des Chambres.

Le Président de la République a le droit de suspendre les sessions parlementaires, et d'ajourner les Chambres. Mais son droit subit une triple restriction : deux de droit, le délai maximum d'ajournement étant d'*un mois*, et la loi interdisant en outre plus de *deux* suspensions par session (L. 16 juill. 1875, art. 2-2°) ; l'autre de fait ; la nécessité de voter le budget et le contingent militaire forçant le Président à rappeler les Chambres à temps.

En pratique, le droit de suspension n'a été exercé qu'une seule fois, par le maréchal de Mac-Mahon, le 18 mai 1877.

### Troisième attribution politique. — Présidence des fêtes nationales.

« Le Président de la République préside aux solennités nationales. » (L. 25 fév. 1875, art. 3).

### Quatrième attribution politique. — Disposition de la force publique.

Ce droit est un attribut implicite du Chef de l'État ;

attribut sans lequel il ne pourrait assurer l'ordre ni faire exécuter les lois.

La constitution de 1848 l'avait pourtant expressément consacré, en ajoutant toutefois que, si le Président dispose de la force armée, il ne peut jamais la commander en personne.

A l'inverse, et par une exception regrettable, l'Assemblée constituante, voulant annihiler le pouvoir exécutif, avait, en 1791, limité pour ne pas dire supprimé le droit du souverain : celui-ci, sauf exception, ne disposait de la force armée que sur la réquisition des officiers civils.

**Cinquième attribution politique. — Nomination des ambassadeurs** accrédités auprès des cours étrangères.

Il appartient au gouvernement de représenter le pays à l'extérieur, et par conséquent de désigner les envoyés et les ambassadeurs à l'étranger. — Les envoyés étrangers sont accrédités près du Président.

**Sixième attribution politique. — Nomination, révocation des ministres.**

— En *France*, depuis l'établissement du régime représentatif, le droit de choisir les ministres n'a pas toujours été reconnu exclusivement au Chef de l'Etat.

En l'an III, si le Directoire nommait et révoquait les ministres, c'était en revanche le Corps législatif qui déterminait le nombre et les attributions des ministres.

En l'an VIII, le premier consul nomme et révoque les ministres à volonté.

Les Chartes avaient consacré sur ce point la prérogative absolue de la royauté.

En 1848, on revient au système adopté par la constitution de l'an III.

La constitution de 1875 est muette sur la nomination et la révocation des ministres, mais un usage incontesté les confie l'une et l'autre au Président de la République.

Toutefois les Chambres pourraient empêcher la création de nouveaux ministères, en refusant de voter les crédits nécessaires.

Suivant les règles du régime parlementaire, le Président est tenu de choisir ses ministres selon les vues de la majorité qui vient de renverser le Cabinet.

Les Chambres ont d'ailleurs un moyen indirect de lui forcer la main, quant au choix même des ministres, en refusant le vote du budget aux ministres qui n'auraient pas leur agrément.

— En *Angleterre*, le choix de ses collègues est laissé au premier ministre, organe de la majorité parlementaire.

**Septième attribution politique. — Droit de grâce.**

Nous avons déjà vu que la *grâce* était encore l'apanage du Président de la République.

Mais le droit régalien d'amnistie a disparu; il est passé dans les attributions du Parlement : les amnisties ne peuvent être accordées que par une loi (L. 25 fév. 1875, art. 3).

§ 2. — Attributions législatives du Chef du pouvoir exécutif.

**Première attribution législative. — Lois.**

A. — Initiative des lois.

Le pouvoir exécutif n'est pas toujours associé à l'œuvre du pouvoir législatif; lorsqu'il y participe, son intervention est plus ou moins énergique, suivant la constitution.

— En *France* :

En 1791, sauf pour l'armée et la marine, le roi n'avait d'autre droit que d'engager l'Assemblée à prendre ses propositions en considération.

Supprimé en 1793, ce semblant d'initiative fut rendu au Directoire.

En l'an VIII, en 1814, en 1852, l'initiative est, à l'inverse, réservée au seul pouvoir exécutif.

Seules, les lois constitutionnelles de 1830, de 1848 et de 1875 consacrent le véritable principe : partage de l'initiative des lois entre le pouvoir législatif et le pouvoir exécutif : « Le Président de la République a l'initiative des lois concurremment avec les membres des deux Chambres. » (L. 25 fév. 1875, art. 3).

Rappelons le droit du Président de prendre l'ini-

tiative d'une révision de la constitution (L. 25 fév.
1875, art. 8-1°).

— En *Angleterre*, l'initiative est aux mains du
pouvoir exécutif, même en matière de finances.

— Aux *États-Unis*, la prérogative abusive du pouvoir législatif est restée intacte : le Président recom-
mande seulement la prise en considération de ses
projets.

### B. — Préparation des lois.

Le pouvoir exécutif met parfois la main à l'œuvre
de préparation des lois, lorsque la rédaction ou
l'examen des propositions est confié à son Conseil
d'État.

En principe, l'intervention de ce grand conseil de
gouvernement est toujours possible, mais facultative seulement aujourd'hui.

Il y eut deux périodes de notre histoire, où la préparation des projets de loi par le Conseil d'État devint
obligatoire, en l'an VIII et en 1852.

C'est sous la constitution de l'an VIII, et lors de la
rédaction de nos codes que le Conseil a joué son
rôle le plus brillant, à ce point que M. de Cormenin
a pu dire de lui qu'il avait été « le véritable législateur ».

En 1848, le Conseil d'État est seulement consulté
sur les projets de loi émanés du gouvernement et

sur les projets d'initiative parlementaire que l'Assemblée nationale lui aura renvoyés.

C. — Discussion des lois.

*a.* — Il est rationnel que le pouvoir exécutif, appelé à faire exécuter la loi, soit associé à la discussion du texte.

On le lui avait pourtant interdit en 1791.

A l'inverse, en l'an VIII, la constitution confiait elle-même aux conseillers d'État la charge de discuter la loi devant la Chambre muette, contradictoirement avec les membres du Tribunat. —En 1852, le Conseil d'État soutient également la discussion des lois.

Aujourd'hui, le gouvernement intervient dans la discussion des lois, soit par les ministres eux-mêmes, soit par ses conseillers d'État, soit par ses fonctionnaires spécialement délégués à cet effet.

« Les ministres ont leur entrée dans les deux Chambres et doivent être entendus quand ils le demandent. Ils peuvent se faire assister par des commissaires désignés, pour la discussion d'un projet de loi déterminé, par décret du Président de la République. » (L. 16 juil. 1875, art 6-2°).

*b.* — Le droit accordé au gouvernement de réclamer une *seconde délibération* peut être aussi considéré comme faisant partie de sa faculté d'intervenir dans la discussion des lois :

« Dans le délai fixé pour la promulgation, le Président de la République peut, par un message motivé, demander aux deux Chambres une nouvelle
délibération qui ne peut être refusée. » (L. 16 juil.
1875, art. 7-2°).

### D. — Sanction des lois.

En France, la *sanction*, c'est-à-dire l'approbation
donnée par le pouvoir exécutif à la loi votée par le
Corps législatif, a disparu avec la monarchie de droit
divin.

Elle n'existe pas dans les républiques.

Depuis 1830, la loi est parfaite, dès qu'elle est
votée par le pouvoir législatif.

### E. — Promulgation des lois.

Au pouvoir exécutif seul il appartient d'attester
officiellement l'existence de la loi et de la rendre
ainsi exécutoire.

— En *France* :

Depuis la Révolution, les lois constitutionnelles ont
eu soin d'imposer la promulgation au Chef de l'État :
c'est un devoir pour lui plus encore qu'un droit.
Aussi la plupart des constitutions ont été plus loin;
elles ont fixé un délai *maximum*, au delà duquel la
promulgation ne doit pas être retardée. Sans cette
précaution, la sanction du Chef de l'État serait
implicitement rétablie, puisqu'il aurait la faculté

de supprimer virtuellement une loi, en ajournant indéfiniment la promulgation.

La constitution de l'an VIII ne lui accordait qu'un délai de dix jours.

Voici le texte de nos lois constitutionnelles présentes relatives à la promulgation :

« Le Président de la République promulgue les lois dans le *mois* qui suit la transmission au gouvernement de la loi définitivement adoptée.

Il doit promulguer dans les *trois* jours les lois dont la promulgation, par un vote exprès dans l'une et l'autre Chambre, aura été déclarée *urgente*. » (L. 16 juill. 1875, art. 7-1°).

— En *Angleterre :*

La sanction royale étant exigée, sous forme d'approbation donnée à la loi par l'organe du Chancelier, à la Chambre des Lords, il n'est pas question de promulgation : la sanction en tient lieu.

— Aux *États-Unis*, les bills sont présentés à l'approbation du Président : celui-ci approuve-t-il le bill, le bill est aussitôt exécutoire ; si le Président refuse sa signature, et ne réclame pas une seconde délibération, le bill est exécutoire dix jours après la présentation.

**Deuxième attribution législative. — Règlements.**

1° Le *règlement* est le complément de la loi ; celle-

ci ne saurait entrer dans les détails techniques et
indéfinis nécessaires pour la mise en pratiqué.

**A. — Autorités qui peuvent faire des règlements.**

1º Le pouvoir *législatif* a toujours le droit de compléter lui-même la loi, et d'y ajouter un règlement ;
celui-ci est alors lui-même une loi, et ne peut être
modifié ou abrogé que par une autre loi.

2º Le pouvoir *exécutif* a aussi le droit de faire des
règlements, au moyen de décrets, appelés pour ce
motif *décrets réglementaires*.

Il tient ce droit : tantôt d'un texte formel de la constitution ; tantôt d'une délégation expresse du législateur ; tantôt enfin de la nécessité qu'il y a de compléter la loi, et de la mettre en pratique, lorsque le
pouvoir législatif n'a pas réglé lui-même les détails
de l'exécution.

**B. — Historique.**

La constitution de l'an VIII fut la première qui
consacra le droit du pouvoir exécutif de faire des
règlements.

À l'époque de la confection de nos codes, l'exercice de ce droit dût être fréquent. Citons seulement :
le règlement des taxes de procédure, en 1807 ; l'organisation des tribunaux de commerce, en 1809 ;
l'organisation des cours et des tribunaux, en 1810.

Ajoutons qu'en 1809 et en 1811, deux décrets réglant la condition des Français à l'étranger furent rendus par l'Empereur ; quoiqu'entachés d'inconstitutionnalité, n'ayant pas été déférés au Sénat, ces décrets furent appliqués par la jurisprudence.

Notons enfin qu'en 1848, par une exception unique en la matière, c'était le Conseil d'État qui faisait seul les règlements, sur délégation spéciale de l'Assemblée nationale.

### C. — Trait distinctif des décrets réglementaires.

En France, les décrets réglementaires se distinguent des autres décrets, par la nécessité où se trouve le Chef de l'État, de prendre l'avis du Conseil d'État, sous peine d'excès de pouvoir. Toutefois, si l'avis du Conseil est obligatoire, le pouvoir exécutif, après l'avoir demandé, n'est pas tenu de s'y soumettre, à moins que la loi n'exige expressément un avis conforme.

### D. — Recours contre les règlements.

— Un quadruple recours est admis contre les décrets réglementaires.

1° Un recours *gracieux* au Chef de l'État lui-même, pour obtenir la modification ou le retrait du décret.

2° Un recours *gracieux* aux Chambres, par voie de pétition ou d'interpellation. C'est là un recours tout politique : les ministres répondent à la pétition ou à l'interpellation, pour défendre le décret.

3° Un recours *contentieux* au Conseil d'État lui-même, pour excès de pouvoir, dans le cas où l'avis obligatoire du Conseil n'a pas été demandé.

4° Les tribunaux judiciaires étant chargés d'apprécier la légalité des décrets dont on leur demande l'application, offrent ainsi une dernière voie de recours à ceux auxquels on veut appliquer le décret.

— Le recours pour inconstitutionnalité a disparu avec le Sénat conservateur du second Empire.

### E. — Sanction des règlements.

L'article 471 du Code pénal, n° 15, prononce une amende de police de 1 à 5 francs, contre toute violation des règlements légalement faits par l'autorité administrative.

### Troisième attribution législative. — Décrets-Lois.

Aux époques troublées qui suivent les coups d'État, si leur auteur ne convoque pas immédiatement les Chambres, il s'arroge le droit de faire lui-même, non-seulement les règlements permis au pouvoir exécutif, mais encore de véritables lois, auxquelles on donne le nom significatif de décrets-lois.

La période qui s'écoula entre le 2 décembre 1851, et le 25 mars 1852 fut la période typique des décrets-lois.

§ 3. — Attributions administratives du Chef du pouvoir exécutif.

**Première attribution administrative. — Nomination des conseillers d'État en service ordinaire.**

— Cette importante prérogative n'a pas toujours été concédée au pouvoir exécutif.

De 1848 à 1852, les conseillers d'État furent nommés par l'Assemblée nationale, dont le Conseil d'État devenait ainsi une sorte de délégation. Les conseillers pouvaient être choisis dans le sein de l'Assemblée. Mais les députés acceptant les fonctions de conseiller d'État étaient par là même démissionnaires de leur mandat législatif.

La constitution de 1852 rendit au pouvoir exécutif la nomination des conseillers d'État.

Le 4 septembre 1870, une *commission provisoire* fut nommée par le gouvernement de la Défense nationale, pour remplacer le Conseil d'État.

La loi du 24 mai 1872 réorganisa le Conseil d'État.

Suivant ce texte, les conseillers d'État en service ordinaire étaient élus, comme en 1848, par l'Assemblée nationale. Mais ils ne pouvaient être choisis parmi ses membres. — En outre, un député démissionnaire ne pouvait être nommé conseiller que six mois après sa démission.

Le Président de la République avait seulement le droit de *suspendre* les conseillers de leurs fonctions pour deux mois.

La constitution de 1875 revint aux vrais principes, en attribuant de nouveau la nomination des conseillers d'État au Président de la République. L'article 4 de la loi du 25 février 1875 porte : « Au fur et à mesure des vacances qui se produiront à partir de la promulgation de la présente loi, le Président de la République nomme, en Conseil des ministres, les conseillers d'État en service ordinaire. »

— Remarquons que la nomination des conseillers en service *extraordinaire* a toujours appartenu au pouvoir exécutif.

**Deuxième attribution administrative. — Révocation des conseillers d'État.**

Tant que le pouvoir exécutif eut le droit de nommer les conseillers d'État, il eut également celui de les révoquer.

En 1848, l'Assemblée nationale, qui pouvait seule nommer les conseillers, pouvait seule aussi les révoquer, sur la proposition du Président de la République.

En 1872, les conseillers nommés par l'Assemblée étaient révocables par elle. — Lorsque la loi de 1875 eut rendu la nomination des conseillers d'État au Président de la République, ceux des conseillers qui avaient été nommés en vertu de la loi de 1872 par l'Assemblée nationale, ne purent être révoqués que par le Sénat (L. 25 fév. 1875, art. 4).

Quant aux conseillers nommés, depuis 1875, par le Président de la République, ils peuvent être révoqués par décret rendu en Conseil des ministres (L. 25 fév. 1875, art. 4).

Le Conseil d'État a été complétement réorganisé en 1879.

**Troisième attribution administrative.— Nomination des fonctionnaires.**

Le Chef de l'État nomme une grande partie des fonctionnaires civils et militaires. Une énumération est ici impossible. Citons seulement la nomination des évêques, nomination attribuée par le Concordat au pouvoir exécutif.

Le pouvoir du gouvernement en cette matière est parfois restreint : soit par l'intervention obligatoire du Conseil des ministres, comme pour nos conseillers d'État; soit par une Assemblée, comme aux États-Unis, où le concours du Sénat est souvent nécessaire au Président; soit par le droit accordé aux citoyens d'élire tels ou tels fonctionnaires.

**Quatrième attribution administrative. — Nomination des magistrats.**

Quatre systèmes ont été proposés pour l'investiture des fonctions judiciaires.

1. Le premier confie la nomination des magistrats au pouvoir législatif. — On objecte que les choix

seront dirigés par des considérations politiques.

2. Le second laisse aux corps judiciaires le soin de se recruter eux-mêmes, et de former ainsi une caste fermée, pour ne pas dire héréditaire.

3. Le troisième abandonne aux justiciables le choix des juges élus. Ce système nuit à l'indépendance du juge, devenu simple mandataire des électeurs et entraîne d'ailleurs l'amovibilité des magistrats.

L'expérience faite en France, en 1791, et plus récemment en Suisse et en Amérique, pour les juges inférieurs, n'a pas été favorable au recrutement par l'élection.

4. La pratique la plus suivie accorde au Chef du pouvoir exécutif, la faculté de nommer lui-même les magistrats auxquels il délègue le droit de rendre la justice. Mais on voit, à la seule indication des divers systèmes proposés, que la nomination des juges n'est pas une attribution essentielle du pouvoir exécutif.

**Cinquième attribution administrative. — Nomination, révocation, suspension des maires et adjoints.**

*Nomination.* — Le maire est à la fois l'agent du gouvernement et le représentant de la commune : il n'est donc pas étonnant que la lutte s'élève entre les deux, pour s'assurer le droit de le choisir.

En France, les fluctuations ont été nombreuses.

Aujourd'hui, le maire est partout nommé par le conseil municipal, qui doit en outre le choisir parmi ses membres (L. 5 avr. 1884, art. 76).

Il y a toutefois exception pour les maires des arrondissements de Paris, qui sont nommés par le pouvoir exécutif.

*Révocation.* — Aujourd'hui, et presque toujours d'ailleurs, le droit de révoquer les maires appartient au Chef de l'État. La révocation emporte de plein droit l'inéligibilité, pendant un an, du maire révoqué (L. 5 avr. 1884, art. 86-3°).

*Suspension.* — Le préfet a droit de suspendre les maires de l'exercice de leurs fonctions, pendant un mois; le ministre de l'intérieur peut porter à trois mois le délai de suspension (même loi).

### Sixième attribution administrative. — Dissolution des conseils généraux.

Le Président de la République peut dissoudre tel ou tel conseil général, la dissolution en masse des conseils généraux ne pouvant résulter que d'une loi.

Si le Parlement est en session au moment du décret qui dissout le conseil, le Président lui rend compte, et les Chambres fixent la date de la nouvelle élection.

Si le Parlement est en vacances, le décret de dissolution doit être motivé, et les électeurs sont convoqués pour le quatrième dimanche qui suivra sa
date (L. 10 août 1871, art. 35, 36).

**Septième attribution administrative. — Dissolution
des conseils municipaux.**

Il a fallu mettre une arme entre les mains du pouvoir exécutif, pour empêcher que les corps municipaux élus ne vinssent entraver la marche de l'administration générale.

Ici encore pourtant, la dissolution en masse est
interdite au Président. Il a seulement droit de dissoudre un conseil municipal quelconque.

Le décret est rendu en conseil des ministres et
motivé. Une délégation spéciale de trois à sept membres, suivant le chiffre de la population, administre
provisoirement la commune.

Le nouveau conseil municipal est élu dans les
deux mois (L. 5 avr. 1884, art. 43 à 45).

— S'il y a urgence, un arrêté motivé du préfet
peut *suspendre* le conseil pour un mois au plus.

## SECTION III.

### MINISTRES.

Nous avons déjà prévenu que l'organisation et les
attributions des ministres rentraient dans le cadre

du Droit administratif. Nous devons cependant indi-
quer ici quelques traits se rattachant au Droit constitutionnel.

### § 1. — Nombre des départements ministériels.

Il est fixé, avons-nous dit en parlant des attributions du Chef du pouvoir exécutif, par le Président
de la République.

Voici nos ministères actuels : justice, affaires
étrangères, intérieur, finances, guerre, marine et
colonies, instruction publique et beaux-arts, travaux
publics, agriculture, commerce.

Les cultes sont rattachés à l'un de ces ministères,
tantôt à l'intérieur, tantôt à l'instruction publique.

### § 2. — Nomination, Révocation des ministres.

Nous savons que le choix de ses ministres est
laissé au Président de la République.

### § 3. — Conseil des ministres.

Sous le régime parlementaire, les ministres forment un conseil : ils ne sont plus seulement des
agents d'exécution dans la sphère de leurs départements ministériels respectifs.

Le Conseil des ministres a un chef, choisi par le
Président de la République parmi eux, avec le titre
de Président du Conseil.

Le Président de la République préside les réunions

ministérielles qui se tiennent en sa présence et qui portent le nom de Conseils des ministres. Les réunions présidées par le Président du Conseil portent plutôt le nom de Conseils de cabinet.

§ 4. — **Sous-Secrétaires d'État.**

Chaque ministre peut avoir dans son département un sous-secrétaire d'État, nommé par le Président de la République.

Les Chambres ont un moyen indirect de diminuer le nombre des sous-secrétaires d'État, en refusant les crédits nécessaires à la création ou au maintien de la fonction.

§ 5. — **Responsabilité ministérielle.**

On peut distinguer la responsabilité *politique*, *pénale*, *civile* des ministres.

**I. — Responsabilité politique.**

« Les ministres sont solidairement responsables devant les Chambres de la politique générale du gouvernement et individuellement de leurs actes personnels. » (L. 25 fév. 1875, 6-1°).

Cette responsabilité politique des ministres, trait caractéristique du régime parlementaire, est mise en jeu par le moyen des *questions* et des *interpellations*.

*Questions.* — Chaque membre de l'une ou de

l'autre Chambre a le droit de poser oralement des questions aux ministres, au commencement ou à la fin des séances.

Le ministre, prévenu d'avance, peut répondre à la question ou bien en demander le renvoi, ou refuser de répondre.

Celui qui a posé la question a le droit de répondre sommairement au ministre.

Si l'auteur de la question veut mettre effectivement en jeu la responsabilité ministérielle, il doit transformer sa question en interpellation.

*Interpellations.* — Elles sont également permises aux membres des deux Chambres.

L'interpellation doit être précédée d'une demande écrite, remise au président de la Chambre, et indiquant l'objet de l'interpellation.

La Chambre fixe le jour de la discussion.

Elle peut écarter l'interpellation, en votant la *question préalable,* qui coupe court à toute discussion.

Si la Chambre permet la discussion et à moins que l'auteur de l'interpellation ne la retire, celle-ci est suivie d'un *ordre du jour.*

L'ordre du jour *pur et simple* est voté, quand la Chambre ne veut donner aucune suite à l'interpellation.

L'ordre du jour *motivé,* contient une approbation

ou un blâme de la politique, soit du Cabinet, soit de l'un des ministres.

Le vote de blâme entraine, dans les usages parlementaires, la démission du Cabinet ou du ministre. La retraite du Cabinet s'impose surtout, quand le président du conseil a posé la question de confiance.

## II. — Responsabilité pénale.

« Les ministres peuvent être mis en accusation par la Chambre des députés, pour crimes commis dans l'exercice de leurs fonctions. En ce cas, ils sont jugés par le Sénat. » (L. 16 juill. 1875, art. 12-2°).

Aucun texte n'a indiqué la nature des délits à poursuivre par cette voie, les peines à prononcer, la procédure à suivre.

Il est juste de penser que la constitution n'a visé que des crimes politiques et des peines politiques, laissant les autres crimes ou délits sous l'empire du droit commun.

## III. — Responsabilité civile.

L'article 75 de la constitution de l'an VIII exigeait l'autorisation préalable du Conseil d'État, avant toute poursuite contre les agents du gouvernement, pour faits préjudiciables commis dans l'exercice de leurs fonctions. — Mais les ministres étaient exclus de cette disposition protectrice, qui a d'ailleurs dis-

paru, depuis 1870, pour tous les autres fonctionnaires.

Aucun texte n'a visé le tribunal compétent ou la
procédure à suivre pour demander aux ministres la
réparation civile du préjudice causé par eux dans
l'exercice de leurs fonctions.

Le plus simple serait d'admettre la poursuite devant les tribunaux ordinaires.

### § 6. — Attributions politiques des ministres.

1° Les ministres contresignent les décrets du Président de la République (L. 25 févr. 1875, art. 3-5°).

2° Les ministres lisent à la tribune les messages
que le Président de la République adresse aux
Chambres (L. 16 juill. 1875, art. 6-1°).

3° Les ministres soutiennent devant les Chambres
la politique du gouvernement. — Ils ont leur entrée dans les deux Chambres et doivent être entendus quand ils le demandent (L. 16 juill. 1875,
art. 6-2°).

4° En cas de vacance de la Présidence de la République, et jusqu'à l'élection du nouveau Président,
le Conseil des ministres est investi du pouvoir exécutif (L. 25 févr. 1875, art. 7).

5° C'est en Conseil des ministres que le Président
de la République nomme et révoque les conseillers
d'Etat en service ordinaire (L. 25 févr. 1875, art. 4-1°).

# TITRE III.

### ENSEMBLE DE LA CONSTITUTION FRANÇAISE ACTUELLE.

*Notions générales.*

— La souveraineté nationale existe en France.

— La France a une constitution écrite.

— Le pouvoir constituant y est exercé par voie de délégation.

— La constitution prévoit elle-même la révision.

— La France est une république constitutionnelle, démocratique et parlementaire.

— La constitution actuelle date du 25 février 1875.

— Elle consacre le système représentatif, et le principe de la séparation des pouvoirs.

### I. — Pouvoir constituant.

— La constitution a été rédigée, à son origine, par l'Assemblée nationale élue en 1871.

— La révision de la constitution est confiée au Sénat et à la Chambre des députés réunis en Assemblée nationale.

L'Assemblée nationale se réunit à Versailles.

### II. — Pouvoirs constitués.

#### A. — Pouvoir législatif.

Le pouvoir législatif est exercé par deux Assemblées : le Sénat et la Chambre des députés.

*a. — Organisation du Sénat.*

— Le Sénat se compose de 300 membres, élus au suffrage à deux degrés.

Les 300 sièges sont répartis entre les départements.

— Le corps électoral se compose des membres suivants :

Le Président du tribunal civil du chef-lieu du département ;

Les députés du département ;

Les conseillers généraux, les conseillers d'arrondissement du département ;

Des délégués des conseils municipaux.

— Est éligible :

Tout Français jouissant de ses droits civils et politiques, ayant 40 ans révolus.

Sont inéligibles :

Les membres des familles qui ont régné sur la France ;

Les militaires (sauf les maréchaux et les amiraux, etc.) ;

Certains fonctionnaires dans leur département.

— Les incompatibilités sont, pour le Sénat, les mêmes que pour la Chambre des députés.

— L'élection se fait au chef-lieu du département.
Elle se fait au scrutin de liste.

Trois scrutins sont possibles. — Aux deux premiers tours, nul ne peut être élu s'il ne réunit la majorité absolue des votants, représentant le quart des inscrits. — Au troisième tour, la majorité relative suffit, quelle qu'elle soit.

— Le Sénat est juge de la validité de l'élection de ses membres. — C'est lui qui reçoit leur démission, s'il y a lieu.

— Chaque sénateur est nommé pour neuf ans. Le Sénat se renouvelle par tiers tous les trois ans.

*b. — Organisation de la Chambre des députés.*

— Est *électeur*, tout Français âgé de 21 ans accomplis, jouissant de ses droits civils et politiques.

— Sont *incapables* d'être électeurs :

Les interdits judiciaires (mais non pas les personnes assistées d'un conseil judiciaire);

Les femmes.

— Sont *indignes* d'être électeurs :

Les condamnés à la dégradation civique, ou à l'interdiction civique;

Les officiers ministériels destitués, etc.;

— Les militaires, quoique inscrits, ne peuvent voter quand ils sont sous les drapeaux.

— Liste électorale.

Il n'y a qu'une seule liste, servant à la fois pour

les élections législatives, départementales ou municipales.

Sont inscrits sur la liste :

1° Ceux qui ont leur domicile, ou une résidence de
six mois dans la commune.

2° Ceux qui sont inscrits dans la commune au rôle
d'une contribution directe, ou au rôle des prestations
en nature.

3° Les ministres des cultes, les fonctionnaires assujettis à résidence dans la commune.

Les listes sont révisées au commencement de
chaque année.

L'inscription se fait par les soins du maire, d'office,
ou sur la demande soit de l'électeur, soit d'un tiers.

Le juge de paix statue sur les réclamations.

— La Chambre des députés se renouvelle intégra-
lement tous les quatre ans.

— Est éligible :

Tout électeur, âgé de 25 ans, sans condition de
domicile, ni de cens.

Le candidat doit déclarer dans quelle circonscription il se présente (interdiction des candidatures
multiples).

— Sont *inéligibles* :

1° Les membres des familles qui ont régné en
France ;

2° Les militaires en activité de service ;

3° Les personnes énumérées dans l'article 12 de la loi du 30 novembre 1875.

La Chambre est juge de l'inéligibilité de ses membres.

— L'incompatibilité du mandat législatif avec certaines fonctions publiques est réglée par la loi du 30 novembre 1875.

— Les députés sont élus au scrutin d'arrondissement : chaque arrondissement nomme un représentant. Les arrondissements de plus de 100.000 habitants nomment un député de plus par 100.000 habitants ou fraction de 100.000.

— Les électeurs sont convoqués :

A l'expiration des pouvoirs de la Chambre, dans les soixante jours qui précèdent le terme légal de la période législative.

Après une dissolution de la Chambre, ils sont réunis dans les deux mois.

Les collèges électoraux sont convoqués par décret du Président de la République.

Le vote se fait le dimanche; — au chef-lieu de la commune; — en un seul jour; — au scrutin secret.

Au premier tour l'élu doit obtenir la majorité absolue des voix des votants, représentant le quart des électeurs inscrits.

Au scrutin de ballottage, la majorité suffit.

*c. — Attributions du Sénat.*

Le Sénat a des attributions politiques, législatives, judiciaires.

1° *Attributions politiques.*

Le Sénat est appelé à donner son assentiment au Président de la République, pour la dissolution de la Chambre des députés.

2° *Attributions législatives.*

Le Sénat a les mêmes attributions législatives que la Chambre des députés. Sauf en matière de finances, comme nous le verrons tout à l'heure.

3° *Attributions judiciaires.*

Le Sénat peut être constitué en Cour de justice pour juger :

Le Président de la République, mis en accusation par la Chambre des députés;

Les ministres, mis en accusation par la Chambre, pour crime commis dans l'exercice de leurs fonctions;

Toute personne prévenue d'attentat contre la sûreté de l'État. Une loi du 10 avril 1889 a déterminé le mode de procéder, dans ce 3ᵉ cas, pour l'accusation, l'instruction et le jugement.

Le Sénat constitué en Cour de justice désigne lui-même la ville et le lieu de ses séances.

*d. — Attributions de la Chambre des députés.*

La Chambre des députés a des attributions législatives, judiciaires.

17

1° *Attributions législatives.*

— Confection des lois.

Les membres de la Chambre ont l'*initiative* des lois.

Chaque député a le droit de déposer soit un projet de loi, soit un amendement.

La Chambre *discute* les projets de loi.

Elle les *vote.*

— L'assentiment de la Chambre est nécessaire au Président, pour les *déclarations de guerre*, qui sont assimilées aux lois.

— Certains *traités* ne sont définitifs, qu'après avoir été votés par les deux Chambres : en particulier, les traités de paix, de commerce.

— L'*état de siège* ne peut être prononcé qu'en vertu d'une loi.

— Les *amnisties* ne peuvent être accordées que par une loi.

— C'est encore une loi qui déclare l'*utilité publique*, en cas d'expropriation, pour les grands travaux.

2° *Attributions judiciaires.*

C'est la Chambre des députés qui met, s'il y a lieu, le Président de la République ou les ministres, en accusation devant le Sénat.

*e. — Attributions financières des deux Chambres.*

La Chambre des députés a un droit incontesté de

*priorité :* le budget doit lui être présenté en premier lieu.

La question est vivement controversée de savoir si le Sénat a le droit d'*amendement.*

#### f. — *Conflits entre les deux Chambres.*

La constitution actuelle n'indique aucun moyen de terminer ces conflits.

Ils peuvent toujours se terminer par la dissolution de la Chambre des députés, suivie de nouvelles élections.

#### g. — *Procédure parlementaire.*

— La session ordinaire annuelle s'ouvre le second mardi de janvier.

Elle dure cinq mois au moins.

Le pouvoir exécutif peut ajourner les Chambres, un mois au plus. — Il ne peut y avoir plus de deux ajournements dans la même session.

— Le gouvernement peut convoquer les Chambres en session extraordinaire.

Il doit les convoquer, si la majorité de chaque Chambre le demande.

— La session de chaque Chambre commence et finit en même temps que celle de l'autre.

— Les deux Chambres siègent à Paris.

— Les séances du Sénat et celles de la Chambre des députés sont publiques ; mais chacune des Assemblées peut se former en comité secret, sur la demande d'un certain nombre de ses membres.

La Chambre décide ensuite, à la majorité absolue, si la discussion doit être reprise en public sur le même sujet.

— Chaque Chambre nomme son bureau. — Le bureau du Sénat sert de bureau, en cas de réunion de l'Assemblée nationale.

— Les présidents du Sénat et de la Chambre des députés sont chargés de veiller à la sûreté de l'Assemblée qu'ils président. — Ils peuvent, à cet effet, requérir la force armée.

— Les Chambres peuvent prononcer la déchéance de l'un de leurs membres. Elles reçoivent la démission de ceux-ci.

— Aucun membre de l'une ou de l'autre Chambre ne peut être poursuivi ou arrêté, en matière criminelle ou correctionnelle, sans l'autorisation de la Chambre dont il fait partie, sauf le cas de flagrant délit.

La détention ou la poursuite du représentant est suspendue pendant la session, si la Chambre le requiert.

— Chaque sénateur ou député touche une indemnité de 9.000 francs par an.

**B. — Pouvoir exécutif.**

La constitution française partage le pouvoir exé-

...cutif entre un Président de la République et un Conseil de ministres.

### a. — *Président de la République.*

— Le Président de la République est élu, à la majorité absolue des suffrages, par le Sénat et la Chambre des députés réunis en Assemblée nationale.

Lors du terme légal des pouvoirs du Président, l'Assemblée nationale doit être réunie un mois au moins avant l'expiration des pouvoirs, pour élire le nouveau Président. A défaut de convocation, la réunion a lieu de plein droit le quinzième jour avant l'expiration des pouvoirs.

En cas de vacance par décès ou démission du Président, les Chambres se réuniront de plein droit. Dans l'intervalle, le Conseil des ministres est investi du pouvoir exécutif. — Si la Chambre des députés se trouvait alors dissoute, les collèges électoraux seraient aussitôt convoqués, et le Sénat se réunirait de plein droit.

— Aucune condition de capacité n'est formellement exigée du Président par le texte de la constitution.

Sont inéligibles les membres des familles qui ont régné en France.

Le Président de la République est indéfiniment rééligible.

— Il réside au palais de l'Élysée.

— Le Président de la République n'est responsable que dans le cas de haute trahison.

— Il n'y a pas de vice-Président de la République.

*b. — Attributions du Président de la République.*

Les actes du Président sont des décrets ; chacun d'eux doit être contresigné par un ministre.

Le Président peut communiquer avec les Chambres par des messages, lus à la tribune par un ministre.

1° *Attributions politiques.*

— Le Président de la République peut, sur l'avis conforme du Sénat, dissoudre la Chambre des députés.

En ce cas, les collèges électoraux sont réunis pour de nouvelles élections dans les deux mois, et la Chambre est réunie dans les dix jours qui suivent la clôture des opérations électorales.

— Le Président peut devancer l'époque d'ouverture de la session ordinaire du Parlement.

— C'est lui qui convoque les Chambres en session extraordinaire.

La convocation est obligatoire, lorsqu'elle est demandée par la majorité de chaque Chambre.

— Le Président de la République prononce la clôture de la session.

— Il peut ajourner les Chambres. — Toutefois

l'ajournement ne peut excéder un mois, ni avoir lieu plus de deux fois dans la même session.

— Il préside les fêtes nationales.

— Il dispose de la force armée.

— Il nomme les ambassadeurs.

— Il nomme et révoque les ministres.

— Il a le droit de grâce.

2° *Attributions législatives.*

Le Président de la République a l'initiative des lois.

Les ministres et les conseillers d'État délégués interviennent dans la discussion des lois.

Le Président peut, après le vote d'une loi, demander une seconde délibération qui ne peut être refusée.

Le Président promulgue les lois dans le mois qui suit la transmission du texte au gouvernement. — Il promulgue les lois déclarées urgentes dans les trois jours.

Le Président fait les règlements d'administration publique, sur avis du Conseil d'État.

3° *Attributions administratives.*

Nomination et révocation des conseillers d'État en service ordinaire.

Nomination des fonctionnaires civils et militaires.

Nomination des magistrats.

Nomination des maires des arrondissements de Paris.

Dissolution de tel ou tel conseil général de département.

Dissolution de tel ou tel conseil municipal.

### c. — Ministres.

— Les ministres sont nommés et révoqués par le Président de la République.

Ils forment un Conseil, ayant l'un d'eux pour président.

Chaque ministre peut avoir un sous-secrétaire d'État, si les Chambres votent le crédit nécessaire.

— Les ministres encourent une triple responsabilité.

*Politiquement* parlant, le cabinet est solidairement responsable, et chaque ministre individuellement responsable devant les Chambres.

C'est cette responsabilité ministérielle qui fait de la République française une république parlementaire.

Elle a pour sanction la retraite du cabinet ou du ministre, devant un vote de blâme des Chambres.

Elle est mise en jeu par les questions ou les interpellations des membres de chaque Chambre, lesquelles sont suivies, soit d'un ordre du jour pur et simple, soit d'un ordre du jour motivé.

*Pénalement* parlant, les ministres peuvent être mis en accusation par la Chambre des députés et jugés par le Sénat, pour crimes commis dans l'exercice de leurs fonctions.

*Civilement* parlant, les ministres doivent réparation des préjudices causés par eux dans leurs fonctions.

— Les ministres ont certaines attributions politiques et par conséquent constitutionnelles.

Le Conseil des ministres a aussi des attributions constitutionnelles.

# QUATRIÈME PARTIE

## Réglementation des droits publics.

Après avoir étudié l'organisation des pouvoirs publics, il reste à se demander quelles garanties donne la constitution, pour protéger les individus contre les abus de ces pouvoirs, et leur permettre d'exercer leurs droits publics.

La réglementation des droits publics est l'ensemble des garanties accordées.

# TITRE PRÉLIMINAIRE.

## DROITS PUBLICS, DÉCLARATIONS DE DROITS.

Avant d'aborder l'étude des lois qui réglementent les droits publics, définissons et énumérons ceux-ci; indiquons les constitutions qui en ont tracé les grandes lignes.

### CHAPITRE I.

#### DROITS PUBLICS.

**A. — Définition des droits publics.**

Dans la définition du droit constitutionnel, le mot

« droit » signifiait un ensemble de lois. Dans celle de droits publics, le mot « droits » signifie un ensemble de facultés accordées par la loi aux individus.

Les droits individuels se divisent en droits *publics*, *politiques*, *civiques* et *privés*.

Les droits *publics* sont ceux qui appartiennent à tout individu vivant en société : tels que le droit de parler, d'écrire.

Les droits *politiques* sont les droits d'élection et d'éligibilité : nous les avons étudiés en traitant de l'organisation des pouvoirs publics.

Les droits *privés* se rapportent à l'organisation de la famille et de la propriété, etc. Ils sont du domaine du droit privé.

On ajoute aux trois termes de cette division classique des droits individuels, les droits *civiques*, en donnant ce nom aux droits dont les condamnés sont privés, en vertu de la dégradation civique, ou de l'interdiction civique, tels que le droit d'être juré, expert, témoin, etc. (C. P. 34 et 42).

Cette quatrième partie du droit constitutionnel traite des droits publics.

### B. — Limitation des droits publics.

Comme les autres, les droits publics doivent être limités. Quel sera le *criterium* de leur limitation ?

En législation privée, les droits de chacun sont

limités par le droit d'autrui : nul ne peut être autorisé à agir dans son propre intérêt, au détriment de
l'intérêt d'un autre.

En législation publique, les droits de l'individu
sont limités par ceux de l'État : ici l'intérêt particulier cède le pas à l'intérêt collectif.

Cette formule générale n'empêche pas que la détermination des limites à imposer aux droits publics
ne soit souvent difficile.

Ainsi la liberté de conscience devrait être inviolable : et néanmoins l'autorité y a souvent porté
atteinte.

La liberté extérieure doit également échapper à
l'arbitraire du pouvoir ; elle ne doit être limitée que
dans la mesure où il est nécessaire de sauvegarder
les droits de l'État. Que de fois n'a-t-elle pas été
supprimée, sous prétexte de restrictions !

De même pour la liberté d'association, pour la
liberté du travail.

Ajoutons cependant qu'une nécessité grave, telles
qu'une crise intérieure, une guerre, peuvent légi-
timer les exigences des pouvoirs publics et imposer
à chacun le sacrifice momentané de ses droits publics les plus inviolables.

### C. — Autorités chargées de la limitation.

Qui fixera la limite des droits publics ?

Cette limite doit se trouver dans la constitution ; c'est donc au pouvoir constituant, aux pouvoirs constitués, que la nation s'est donnés pour représentants, de fixer la limite des droits publics, dans les lois constitutionnelles et dans les lois organiques.

### D. — Sanction de la limitation.

Le droit de fixer la limite des droits publics emporte le droit de réprimer tout écart, d'édicter des peines proportionnées à la violation des règles posées.

## CHAPITRE II.

### DÉCLARATIONS DE DROITS.

### A. — Utilité, Dangers des déclarations de droits.

Théoriquement, on a beaucoup discuté sur l'utilité des déclarations de droits.

Contre elles, on a dit : — qu'elles étaient inutiles : ce sont les devoirs des citoyens et non leurs droits qu'il faut proclamer ; — qu'elles manquaient de portée pratique : la limite des droits publics étant trop variable ; — qu'elles étaient incomplètes : il est donc à craindre qu'on ne viole les droits oubliés.

En leur faveur, on répond : — qu'à certaines époques au moins, il est indispensable de proclamer les droits nouveaux, en 1789, par exemple, à l'époque de la suppression des droits féodaux ; — qu'on

rend les déclarations pratiques, en posant des limita-
tions assez précises pour supprimer l'arbitraire du
pouvoir; on cite, en ce sens, la suppression de
l'esclavage, par la constitution de 1848, la proclama-
de l'*habeas corpus*, en Angleterre; — qu'il est facile
d'obvier à l'inconvénient des lacunes, en déclarant que
les énumérations des droits ne sont pas limitatives.

Peut-être pourrait-on répondre à ces derniers arguments qu'ils reposent sur une confusion entre la
déclaration de droits et la constitution; c'est l'utilité des constitutions qu'ils démontrent, plutôt que
celle des déclarations.

Aussi les constitutions modernes deviennent-elles
sobres sur ce point, et écartent-elles de plus en plus
toute déclaration préalable de droits.

Citons seulement les déclarations qui ont laissé le
plus vivant souvenir.

### B. — Historique.

1. — En première ligne, la fameuse déclaration
des droits de l'homme et du citoyen, qui servait de
préambule à la constitution de 1791.

Elle consacrait ce qu'on a depuis appelé les principes de 89. Tout n'a pas été conservé pourtant des
droits proclamés à l'époque révolutionnaire, et il
convient de faire le départ entre ce qui a survécu et
ce qui a disparu.

*a.* — D'abord, les(droits)*maintenus* par toutes les constitutions françaises postérieures.

— Les premiers sont les principes des gouvernements libres, et servent surtout de préambule à l'organisation des pouvoirs publics ; à savoir :

La souveraineté nationale.

La responsabilité des fonctionnaires publics.

Le caractère national de la force armée.

L'organisation de l'instruction publique.

— Les autres se rapportent directement aux droits individuels, dont nous traitons en ce moment ; à savoir :

La liberté de conscience, de culte, de parole, de presse, de pétition.

L'inviolabilité de la propriété.

L'égalité de tous devant la loi, entraînant l'abolition de la noblesse.

La disparition de la vénalité des charges.

*b.* — Parmi les principes *disparus*, il faut citer :

Le droit d'élire les magistrats et les ministres des cultes.

Le droit au travail : c'est-à-dire le droit d'exiger que l'Etat fournisse, d'un côté, un travail suffisamment rémunérateur à tout homme valide, et d'un autre côté des secours complets aux infirmes (reproduit dans la constitution de 1848).

II. — En France, Parmi les constitutions posté-

rieures à celle de 1791, plusieurs furent encore pré-
cédées d'une déclaration de droits : par exemple,
celles de 1793, de l'an III.

Le préambule de la constitution de 1848 peut être
considéré comme contenant une déclaration très
concise de droits.

La constitution de 1852 se bornait à reconnaître et
à garantir les grands principes proclamés en 1789.

Il reste à peine une trace de déclaration de droits,
dans la consécration du suffrage universel, par l'article 1 de la loi constitutionnelle du 25 février 1875.

— En Angleterre, chaque conquête de la démo-
cratie est constatée dans un acte, qui équivaut à une
déclaration de droits : Charte de Guillaume le Con-
quérant; Grande Charte de 1215; acte d'Habeas corpus, etc.

— Les diverses lois constitutionnelles des États-
Unis d'Amérique contiennent aussi des déclarations
de droits.

### C. — Situation actuelle en France.

La constitution de 1875 n'étant précédée d'aucune
déclaration de droits, comment combler cette la-
cune : quels seront aujourd'hui les principes de la
réglementation des droits publics?

Les uns veulent collectionner ces principes, en les
tirant de toutes nos constitutions françaises.

D'autres se réfèrent uniquement à la plus récente déclaration de droits, à celle de 1848.

La plupart s'en tiennent à la déclaration de 1791, en mettant seulement à l'écart les principes tombés depuis en désuétude, et surtout ceux qu'un texte formel a modifiés ou supprimés.

Aucune d'ailleurs des déclarations connues n'a atteint la précision et l'ampleur de la Déclaration des droits de l'homme et du citoyen.

## CHAPITRE III.

### DIVISION DE LA 4ᵉ PARTIE.

**A. — Sources des droits publics.**

Les droits publics dérivent tous de deux sources fondamentales : la *liberté*, l'*égalité* civiles.

Nous disons liberté *civile* et non liberté publique ou liberté civique.

En effet la liberté civile doit comprendre tous les droits publics qui ne dérivent pas de l'égalité, et rien que ces droits.

Or, la liberté publique, outre les droits publics, comprend les droits politiques.

À l'inverse, la liberté civique ne comprend pas tous les droits publics, à beaucoup près; les art. 34 et 42 du Code pénal, qui restreignent la liberté, et déterminent les limites de la liberté civique ne s'occupent que d'un seul droit public, celui d'enseigner librement.

Quoi qu'il en soit de la valeur des épithètes ajoutées au mot liberté, nous devons étudier les droits dérivant de la liberté et de l'égalité.

### B. — Prééminence de la liberté.

L'étude des droits publics doit commencer par les droits qui découlent de la liberté.

Sans chercher à établir une inutile comparaison entre la valeur respective des deux classes de droits, dirigeons-nous par cette règle pratique : on ne pourrait analyser l'égalité sans anticiper à tout instant sur la liberté. Mieux vaut donc aborder celle-ci en première ligne.

Les textes des constitutions, placent en avant, tantôt la liberté (1791, — an III, — 1848) ; tantôt l'égalité (1793, — 1814, — 1830).

# TITRE I.

## LIBERTÉ CIVILE.

### A. — Définition.

La *liberté civile* est la faculté d'exercer les droits publics.

Elle n'est limitée que par le droit de l'État et par le droit d'autrui. La réglementation des droits publics a précisément pour but de fixer ces limites.

**B. — Division de la liberté.**

La liberté civile se divise en liberté *intérieure* et liberté *extérieure*.

La liberté *intérieure* ne se manifeste point par des actes publics; elle consiste tout entière dans la liberté de conscience.

La liberté *extérieure* se manifeste sous plusieurs formes que l'on peut classer dans l'ordre suivant :

Liberté : du culte; de la personne; de l'expression de la pensée; de réunion; d'association; de pétition; du travail; de la propriété.

Étudions dans cet ordre, les divers modes de la liberté, en laissant de côté la division théorique en liberté intérieure et liberté extérieure.

Ajoutons que la liberté de l'expression de la pensée comportera plusieurs subdivisions : liberté de presse, de colportage, d'affichage, de criage, de l'écrit privé, de parole.

Nous terminerons par l'énumération des restrictions imposées à la liberté de tous, en cas d'état de siège.

Voici donc la division complète.

Liberté : 1° de conscience;

2° du culte;

3° de la personne;

4° de la presse;

5º du colportage, de l'affichage, du criage ;

6º de l'écrit privé ;

7º de la parole ;

8º de réunion ;

9º d'association ;

10º du travail ;

11º de la propriété ;

12º de pétition ;

13º en cas d'état de siège.

## CHAPITRE I.

### LIBERTÉ DE CONSCIENCE.

La liberté de *conscience*, la plus sacrée de toutes, est la faculté de donner notre adhésion à la croyance religieuse, politique, ou autre, qu'il nous plaît de choisir.

C'est donc une liberté tout intérieure ; elle ne doit pas être confondue avec la liberté du culte, qui est une liberté extérieure.

La liberté de conscience semble, au premier abord, un de ces droits sur lesquels il est impossible au législateur de porter la main ; cependant on la considère comme restreinte, — et la restriction va parfois jusqu'à la suppression — lorsque la loi ordonne des actes qui peuvent se trouver contraires à la croyance intime de celui que l'on force à les faire.

Ces restrictions, plus ou moins étendues suivant les alternatives des époques d'intolérance ou de liberté, se rencontrent en plusieurs matières.

### I. — Restrictions à la liberté de conscience en matière religieuse.

#### A. — Énumération des principales restrictions.

Elles dérivent toutes de l'établissement d'une *religion d'État*, à laquelle tous sont tenus d'obéir extérieurement, par exemple en respectant le repos du dimanche, en ornant sa maison au passage des processions.

La privation de droits infligés à ceux qui ne suivent pas la croyance obligatoire est la première sanction de la religion d'État.

Les peines légales prononcées contre les non-croyants viennent s'y ajouter, avec le cortège lamentable des persécutions publiques et privées.

L'impossibilité de se soustraire au service militaire, alors même que la croyance s'y oppose, doit encore être considérée comme une restriction, plus que légitime d'ailleurs, à la liberté de conscience. Les réfractaires de la petite Église, chez nous, les quakers ailleurs, ont donné des exemples d'une pareille prétention.

Citons enfin la nécessité de prêter un serment judiciaire, suivant une formule qui peut être contraire à la croyance de celui qui doit jurer. — On a reconnu qu'il était bon de rédiger des formules n'offusquant en rien la conscience des jurés ou des témoins.

### B. — Historique.

— En France, l'Assemblée de 1789, qui eut la première l'honneur de proclamer la liberté de conscience dans notre pays, avait pourtant d'abord frappé d'inéligibilité les protestants et les israélites.

Un décret impérial prescrivait au clergé des discours à la gloire de l'armée.

La Restauration établit, en fait, une religion d'État : ordre de fermer les magasins les jours fériés, de tapisser les maisons, et de se découvrir au passage des processions ; ordre aux fonctionnaires de suivre celles-ci : voilà autant de prescriptions attestant la violation de la liberté de conscience.

— A l'étranger, dans la libérale Angleterre, les catholiques furent, jusqu'en 1829, privés de leurs droits électoraux, et exclus des emplois publics. La formule du serment exigé écarta longtemps les israélites de ces mêmes emplois.

Aux États-Unis, liberté absolue, proclamée en 1787.

La même liberté existe en Autriche et dans la Suisse.

L'Italie, le Portugal, tout en reconnaissant une

religion d'État, laissent à leurs sujets entière liberté de conscience.

### C. — Traités de paix.

Dans les pays où existe une religion d'État, une transaction formelle peut intervenir, dans laquelle, sans reconnaître le principe de la liberté de conscience, on concède égalité de droits aux croyants et aux dissidents. — C'est ainsi que le traité de paix de Westphalie assimile les luthériens et les calvinistes aux catholiques.

## II. — Restrictions à la liberté de conscience, en matière politique.

Avant la loi de révision de 1832, notre Code pénal punissait la non délation des crimes politiques. Celui-là même qui croyait à la légitimité du fait qualifié crime politique, était, malgré sa conviction, contraint de le dénoncer.

Le serment de fidélité à la constitution, qui est parfois exigé des fonctionnaires est aussi une atteinte à la liberté de conscience, lorsqu'il s'impose à un dissident politique ; mais on trouvera cette restriction légitime, si l'on considère que la nation a droit d'exiger le respect de la loi, de la part de ceux qui assument volontairement, pour ne pas dire plus, la responsabilité de son exécution.

Ce serment a d'ailleurs disparu de nos mœurs politiques.

# CHAPITRE II.

## LIBERTÉ DU CULTE.

La liberté du culte qu'il faut rapprocher — sans la confondre avec elle — de la liberté de conscience, est la faculté de manifester sa croyance religieuse par des actes extérieurs.

Le *culte* est, en effet, toute manifestation publique d'une croyance avouée.

Les constitutions font parfois elles-mêmes la distinction entre les deux libertés : la Constituante n'avait proclamé que la liberté de conscience ; la constitution de 1791 y ajoute la liberté du culte, tout en déclarant que la religion catholique était la religion de l'État ; ce qui montre, pour le dire immédiatement, que la liberté du culte n'est pas inconciliable avec une religion d'État.

## SECTION I.

### DROIT DE L'ÉTAT SUR LES CULTES.

Ici se pose la question, devenue si grave chez nous, de la séparation des Églises et de l'État. Sans verser dans la discussion politique, qui dépasserait le cadre de l'étude sereine du droit constitutionnel, relatons les deux systèmes en présence et les conséquences que leurs partisans déduisent du principe adopté par eux.

Faisons cette remarque préalable que, dans l'un et l'autre système, le droit de police est reconnu à l'État, qui doit empêcher toute manifestation contraire à l'ordre public ou attentatoire aux droits des citoyens.

Ce droit est formellement consacré dans l'article 4 du Concordat.

**Premier système.** — *Organisation des cultes par l'État.*

On en déduit :

1º L'inégalité des cultes, certains d'entre eux étant seuls reconnus, organisés par l'État; les autres, demeurés libres, étant seulement tolérés. — A moins pourtant que l'État ne veuille les reconnaitre tous.

2º L'inscription au budget d'un crédit affecté, d'un côté aux dépenses du culte, de l'autre à l'entretien du clergé.

**Second système.** — *Séparation des Églises et de l'État.*

Deux conséquences découlent du principe :

1º Égalité des différents cultes, dont l'État se désintéresse absolument.

2º Dépenses du culte et entretien du clergé abandonnés à la charge des fidèles et du clergé lui-même.

## SECTION II.

### ORGANISATION DES CULTES EN FRANCE.

Le droit est aujourd'hui reconnu à l'État de réglementer les cultes.

Voyons la situation qui est résultée de l'adoption de ce principe

### § 1. — Reconnaissance de certains cultes.

Trois cultes sont reconnus en France :

1° Le culte *catholique*, déjà reconnu par les constitutions de 1791 et de 1793.

La réglementation du culte catholique est contenue dans les deux textes suivants :

Concordat de 1801 ;

Loi organique du 18 germinal an X.

2° Le culte *protestant :* les luthériens et les calvinistes sont sur un pied parfait d'égalité.

Les bases de la réglementation de ce culte se trouvent également dans la loi du 18 germinal an X.

3' Le culte *israélite*, reconnu par une loi de 1831, qui applique aux rabbins le principe du salaire par l'Etat.

### § 2. — Privilèges des cultes reconnus.

I. — Les ministres des cultes reconnus sont salariés par l'Etat.

II. — Les édifices consacrés à l'exercice de ces cultes peuvent être classés dans le domaine national ou dans le domaine communal.

III. — Certains édifices des cultes reconnus sont mis, dans une certaine mesure, à la charge de l'État ou des communes.

IV. — Les menses épiscopales et les menses curiales sont des personnes morales, pouvant acquérir et aliéner, par leurs administrateurs, c'est-à-dire par l'évêque ou par le curé.

V. — Les jeunes élèves, étudiant en vue d'exercer le ministère dans l'un des cultes reconnus, sont, il est vrai, astreints désormais au service militaire ; mais ils peuvent être envoyés en congé, après un an de présence sous les drapeaux (L. 15 juil. 1889, art. 23-4°).

VI. — Les ministres des cultes reconnus sont dispensés de tutelle hors de leur résidence (C. C. art. 427).

VII. — Les fonctions de juré sont incompatibles avec celles de ministre d'un culte reconnu (L. 21 nov. 1872, art. 3).

### § 3. — Cérémonies du culte, Réunions religieuses.

#### A. — Cérémonies privées.

Les cérémonies célébrées à l'intérieur des maisons

sont absolument libres, en vertu du double principe de la liberté de conscience et de l'inviolabilité du domicile.

Les réunions ainsi tenues en dehors des édifices consacrés au culte tombent pourtant sous le coup des art. 291 à 294 du Code pénal, articles qui interdisent les associations non autorisées de plus de vingt personnes.

### B. — Cérémonies publiques.

Il faut, à ce sujet, faire une division plus complète des cultes, et distinguer parmi les cultes non reconnus, ceux dont les réunions publiques, dans leurs édifices consacrés, sont autorisées par l'État.

1º Les cérémonies et les réunions publiques des cultes reconnus, dans les églises et dans les temples, sont absolument libres. Une circulaire de 1832, du ministre de la justice, le déclare, peut-être un peu inutilement. Elles peuvent même se produire sur la voie publique, dans les limites légales, comme il arrive pour les processions, les enterrements.

2º Il en est de même des cérémonies et des réunions des cultes non reconnus, mais autorisés, pourvu qu'elles aient lieu dans les endroits où le décret d'autorisation permet l'exercice de ces cultes.

3º Quant aux réunions des membres des cultes

qui ne sont ni reconnus, ni autorisés, mais simplement tolérés, elles rentrent sous l'application pure et simple des articles 291 et suivants du Code pénal.

### § 4. — Mesures de police.

Que les cultes soient reconnus, ou seulement autorisés, l'intérêt général a imposé certaines restrictions légales, protectrices de l'ordre public.

1° Toute manifestation illicite ou immorale est interdite.

2° Pas de port d'armes, pas d'exhibition d'emblèmes séditieux dans les cérémonies ou les réunions religieuses.

3° Aucun trouble sur la voie publique.

C'est en vertu de cette restriction légitime, que les magistrats communaux sont autorisés à interdire les processions extérieures, s'ils estiment qu'elles peuvent fomenter le désordre.

4° Il est un autre ordre de restrictions, inutiles à l'ordre public, et attentatoires à la liberté, dont on doit regretter l'apparition : fixation par l'autorité d'une heure déterminée pour certains convois; défense aux fonctionnaires de se joindre aux processions, etc.

### SECTION III.

#### ORGANISATION DES CULTES A L'ÉTRANGER.

En Angleterre, la religion protestante est religion

d'Etat. — Les autres cultes, d'abord interdits, furent plus tard tolérés en fait. — Même, en 1829, l'Eglise romaine d'Irlande reçut la personnalité civile.

La Suède reconnaît le protestantisme comme religion d'Etat, et ne tolère les autres cultes qu'en vertu d'une autorisation.

Le Portugal est plus libéral : tout en déclarant la religion catholique religion d'Etat, il admet la pleine liberté de tous les cultes.

Aux Etats-Unis, en Belgique, en Suisse, la séparation des Eglises et de l'Etat est complète : tous les cultes sont libres et égaux.

La Russie consacre en droit une liberté de culte, qui n'est pas respectée dans la pratique.


# CHAPITRE III.

## LIBERTÉ DE LA PERSONNE.

La liberté *de la personne*, ou liberté *individuelle*, est la faculté d'exécuter, sans obstacle volontaire d'autrui, les résolutions prises par nous.

Elle est essentielle, presque toutes les autres lui sont subordonnées. Les peuples en ont fait l'objet de revendications éternelles, et l'ont toujours considérée comme inaliénable par l'individu, et comme imprescriptible.

Tout essentielle qu'elle est, nous ne prétendons pas qu'elle doive être absolue : les nécessités de l'ordre social viennent souvent la *restreindre* légitimement. A l'inverse, bien des *atteintes* injustes sont portées contre elle. Aussi le législateur doit-il organiser autour de chacun de solides *garanties* de liberté individuelle.

## SECTION I.

### RESTRICTIONS LÉGITIMES A LA LIBERTÉ INDIVIDUELLE.

#### I. — Contrainte par corps judiciaire.

La faculté d'arrêter et de détenir quelqu'un est une conséquence d'une décision judiciaire, tantôt en matière civile, tantôt en matière pénale.

##### A. — Contrainte en matière civile.

Elle a pour but de forcer le débiteur récalcitrant à exécuter son obligation, s'il veut échapper à l'emprisonnement.

La loi du 22 juillet 1867 l'a supprimée, comme inutile ou dangereuse, en matière civile, commerciale et contre les étrangers.

##### B — Contrainte en matière pénale.

Le juge pénal a la faculté d'ordonner, soit l'arrestation, soit la détention préventive de l'inculpé.

L'*arrestation* se fait, en principe, en vertu d'un mandat régulièrement décerné par le juge d'ins-

truction, et exécuté par les officiers de police judiciaire. Par exception, en cas de flagrant délit, ces
mêmes officiers ont le droit d'arrêter l'agent du
délit, sans mandat décerné par le juge.

La *détention préventive* est permise pour les nécessités de l'instruction, qui exigent souvent que
l'inculpé soit sous la main de la justice. — Mais le
juge ne l'ordonne qu'après l'interrogatoire du prévenu. — En outre la liberté provisoire, avec ou sans
caution, est accordée à celui-ci, suivant les distinc-
tions indiquées, avec les autres détails sur le sujet,
dans le cours de droit pénal.

### II. — Peines privatives de la liberté.

Il faut encore se reporter au droit pénal, pour connaître l'énumération et le caractère de ces peines,
nombreuses dans notre législation.

### III. — Obligation au service militaire.

Pour que l'obligation existe, il faut qu'elle soit
inscrite dans la loi.

L'étendue en varie sans cesse, avec les lois militaires qui se succèdent sans relâche.

La loi actuellement en vigueur, en France est
celle du 15 juillet 1889, sur le recrutement de l'armée. Elle impose le service militaire à tout Français.

### IV. — Internement des aliénés.

Dans les conditions et suivant les règles prescrites par la loi du 30 juin 1838.

### V. — Internement des mineurs.

En vertu de la puissance paternelle (C. C. 375 à 383).

### VI. — Réquisition de prêter secours.

En cas de danger imminent (C. P. 475-12°).

### VII. — Obligation de se munir d'un passeport.

Lorsque les passeports étaient nécessaires pour la circulation à l'intérieur, les autorités administratives étaient obligées de les délivrer à ceux qui les demandaient; leur refus donnait lieu à un recours au Conseil d'État. — Mais la nécessité de passeports à l'intérieur n'existe plus.

Pour les voyages à l'étranger, la question a suivi des phases plus complexes :

La Constituante avait défendu l'émigration, donc pas de délivrance obligatoire de passeports. Cette restriction à la liberté a disparu avec les nécessités qui lui avaient donné naissance.

Depuis la Restauration, la sortie de France est libre ; mais les préfets doivent délivrer les passeports à ceux qui en ont ou croient en avoir besoin.

Sanction : recours au Conseil d'Etat pour abus de pouvoir. — M. de Serrigny professe, au contraire, que la sortie de France ne peut encore se faire qu'en vertu d'une autorisation : les préfets pourraient donc refuser le passeport.

### VIII. — Faculté d'expulser les étrangers.

Le ministre de l'intérieur peut, par mesure de police, enjoindre à tout étranger voyageant ou résidant en France, de sortir du territoire français, et le faire conduire à la frontière.

Dans les départements frontières, le préfet peut expulser l'étranger non résidant, à la charge d'en référer immédiatement au ministre de l'intérieur (L. 3 déc. 1849, art. 7).

### IX. — Interdiction de la mendicité.

Le mendiant arrêté dans un lieu où il existe un dépôt de mendicité, sera puni de la prison, et après sa peine, conduit au dépôt (C. P. art. 274).

Le temps pendant lequel on peut le retenir au dépôt n'est pas limité; cette omission laisse trop de place à l'arbitraire.

Un décret de 1852, abrogé aujourd'hui, permettait d'interdire le séjour de Paris et de Lyon aux personnes qui ne pouvaient pas justifier de moyens d'existence.

## SECTION II.

### VIOLATIONS DE LA LIBERTÉ INDIVIDUELLE.

Les plus graves atteintes portées à la liberté individuelle ont été l'*esclavage*, le *servage*, les *corvées*, les *vœux religieux* et la *détention arbitraire*.

### I. — Esclavage.

Chez les anciens, l'*esclavage* était universellement admis; des philosophes, Aristote entre autres, en proclamaient la légitimité. Justinien le reconnait comme une institution du droit des gens.

En France, sous l'impulsion des généreuses idées du siècle dernier, la Convention abolit l'esclavage, sans mesures de précaution; les noirs ne surent pas user de la liberté, et l'humanité du législateur fut mal récompensée par la révolte et les massacres de Saint-Domingue.

Aussi, la réaction se produisit-elle, et une loi de 1802 rétablit l'esclavage dans les colonies.

En 1830, on se contenta d'adoucir le sort des noirs.

C'est en 1848 seulement que la France abolit définitivement l'esclavage dans ses colonies. Il fut toutefois admis que les Français étaient encore autorisés à posséder des esclaves dans les contrées où subsistait l'esclavage.

L'Angleterre a, de son côté, aboli l'esclavage en 1843.

Aux États-Unis, il fallut la sanglante guerre de sécession, pour amener les colons du Sud à renoncer au droit d'avoir des esclaves.

De nos jours, une campagne antiesclavagiste est menée avec ardeur par l'archevêque d'Alger, pour détruire l'esclavage dans les contrées où il subsiste encore.

### II. — Servage.

Moins odieux, moins cruel que le sort de l'esclavage, celui du *serf* n'en fut pas moins longtemps une grave atteinte à la liberté individuelle.

Il a disparu en France, depuis 1789; en Russie, sous le règne d'Alexandre II, en 1865.

### III. — Corvées.

Les *corvées* autrefois imposées aux serfs et même aux roturiers, contraignaient ceux-ci à payer de leur personne, dans les travaux seigneuriaux. Elles ont accompagné en 1790, les autres droits féodaux dans leur disparition.

Les prestations en nature, encore imposées aujourd'hui, ne portent plus atteinte à la liberté, puisque les contribuables sont requis de les payer en argent. C'est plutôt dans l'intérêt de ceux-ci que la loi donne la faculté de les acquitter en nature.

## IV. — Vœux religieux.

La prononciation des *vœux religieux* n'engage que
la conscience, lorsque le religieux est libre d'y renoncer à volonté.

Mais elle devient, une atteinte à la liberté individuelle, dans les pays où existe une religion d'Etat,
si le pouvoir civil prête son autorité pour maintenir le religieux dans l'obéissance à des vœux auxquels il prétend ne plus se soumettre. Il en fut ainsi,
en France, jusqu'à la Révolution.

## V. — Détention arbitraire.

La contrainte par corps, avons-nous dit, ne doit
être exercée qu'en vertu d'une décision judiciaire :
des auteurs même critiquent le pouvoir qu'a le juge
d'instruction de décerner des mandats, et voudraient
qu'on ne put porter atteinte à la liberté de la personne, si ce n'est en vertu d'un jugement.

Sous la monarchie, la prison, parfois perpétuelle,
l'exil même, suivaient la simple concession d'une
lettre de cachet, laissée au bon plaisir royal.

La Constituante supprima ces détentions arbitraires.

Plus d'un, parmi les régimes suivants, ne se fit
faute de porter la main sur la liberté individuelle.

Rappelons la célèbre loi des suspects de la Convention

A l'inverse, la constitution de l'an III d'abord, celle de l'an VIII ensuite défendaient aux gardiens des prisons de détenir qui que ce fut, sans un ordre régulier d'arrestation, ordonnaient la réprésentation du détenu, et prohibaient toute détention arbitraire, qualifiée crime par le texte de la loi.

Un décret impérial de 1810 autorisait une détention arbitraire indéfinie.

Plusieurs lois de la Restauration, transgressant les principes de la Charte, accordaient au Gouvernement la faculté d'ordonner des arrestations et des détentions.

Signalons enfin la loi de sûreté générale du 27 février 1858, en vertu de laquelle le ministre de l'intérieur pouvait, sans jugement, ordonner l'internement en France ou en Algérie de plusieurs catégories de citoyens.

### VI. — Juge extraordinaire.

A. — Presque toutes les constitutions ont reconnu le droit qu'a tout prévenu de n'être pas soustrait à son juge *naturel*, c'est-à-dire au juge indiqué par la loi.

Nous citerons à cet égard, deux exemples d'atteinte à la liberté de la personne :

Les cours prévôtales de la Restauration, dont les arrêts devaient être exécutés dans les vingt-quatre heures ;

Les commissions mixtes de 1851.

B. — La réunion d'une haute Cour de justice, appelée à juger les crimes contre la sûreté de l'État, ne saurait être considérée comme une violation du droit de la personne, lorsqu'elle est prévue par la loi constitutionnelle, mais plutôt comme une restriction légitime à la liberté individuelle.

## SECTION III.

### GARANTIES DE LA LIBERTÉ INDIVIDUELLE EN FRANCE.

Les lois, tant constitutionnelles que pénales, ont peu à peu organisé tout un système de garanties de la liberté individuelle : système encore incomplet, mais en progrès constant.

**I. — Garanties contre l'arbitraire en poursuite pénale.**

1° *Juge naturel.* — Tout inculpé, avons-nous dit, doit être traduit devant le juge indiqué par la loi, et non devant un juge arbitrairement choisi par le pouvoir exécutif, pour les besoins du moment.

2° *Conseil* donné à l'inculpé.

Aujourd'hui, le conseil, c'est-à-dire l'avocat choisi par l'inculpé, ou nommé d'office par le juge, tout en ayant le droit de conférer avec l'accusé après son interrogatoire, n'assiste celui-ci qu'à l'instruction définitive, en audience publique.

Dans les projets de réforme du Code d'instruction criminelle, le conseil pourrait assister l'inculpé, même au cours de l'instruction préparatoire.

3° *Recours* contre les ordonnances du juge d'instruction qui a fait procéder à l'arrestation : appel est ouvert devant la Chambre des mises en accusation (I. cr. 135).

4° *Liberté provisoire.*

Depuis 1865, la liberté provisoire peut être accordée, même à celui qui est accusé d'un crime, jusqu'à son renvoi devant la Cour d'assises.

Cette liberté est même due de droit au prévenu d'un délit de police correctionnelle, à des conditions déterminées en droit pénal (L. 14 juil. 1865. — I. cr. art. 113).

5° *Promptitude de la justice.*

Le détenu devrait avoir le droit de réclamer son jugement dans un délai légal, sinon la détention se prolonge arbitrairement.

6° *Publicité des débats garantissant l'impartialité des juges.*

Instruction définitive en audience publique, à moins que l'intérêt de la morale ou de l'ordre public n'autorise le président à prononcer le huis-clos.

**II. — Peines contre les fonctionnaires** qui ont ordonné l'arrestation illégale, ou qui y ont procédé :

Le Code pénal :

Prononce contre ces fonctionnaires la peine de la dégradation civique (C. P. art. 114 à 122) ;

Autorise contre les juges la prise à partie qui permet à la victime de l'attentat d'obtenir d'eux des dommages-intérêts.

Les autres fonctionnaires sont poursuivis sans le long et difficile préliminaire de la prise à partie. — Des auteurs ont demandé qu'il en fût de même à l'égard des juges. Il est à souhaiter, en effet, que l'on facilite autant que possible à la victime d'une détention arbitraire les moyens d'obtenir réparation du préjudice qu'elle a subi.

Une remarque : la responsabilité de l'arrestation retombe sur l'agent qui l'a faite sans l'ordre de son supérieur, si cet ordre était requis. Au cas où l'ordre illégal aurait été donné, celui dont il émane est seul punissable (I. cr. art. 114).

**III. — Peines contre les particuliers** auteurs de séquestrations.

La loi pénale frappe ceux qui auront illégalement arrêté ou séquestré quelqu'un, de peines sévères, variant de deux ans d'emprisonnement aux travaux forcés à perpétuité, suivant les circonstances.

La condamnation à mort même peut être prononcée, si la personne arrêtée ou sequestrée a été soumise à des tortures corporelles.

Sont punis de même ceux qui ont prêté un lieu pour la détention illégale (C. P. 341 et s.)

### IV. — Inviolabilité du domicile privé.

Principe :

C'est en vain que la loi décréterait la liberté de la personne, si le domicile n'était inviolable. Aussi toutes les législations, la nôtre par conséquent, ont-elles consacré le principe que nul n'a le droit de pénétrer chez quelqu'un malgré celui-ci.

#### A. — Sanctions du principe de l'inviolabilité du domicile.

1º Tout fonctionnaire, qui, agissant en cette qualité, s'introduit dans le domicile d'un citoyen, malgré celui-ci, hors les cas prévus par la loi, et sans les formalités prescrites, sera puni d'un emprisonnement de six jours à un an et d'une amende de 16 francs à 500 francs. (C. pén. 184-1º).

Dans le cas où le fonctionnaire a reçu de ses supérieurs l'ordre de pénétrer dans le domicile, il n'est point responsable, la peine s'applique seulement au supérieur qui a donné l'ordre illégal (C. pén. 114-2º).

2º Tout individu qui s'introduit, à l'aide de menaces ou de violences, dans le domicile d'un citoyen, s'expose à un emprisonnement de six jours à trois mois, et à une amende de 16 à 200 francs (C. pén. 184-2º).

#### B. — Restrictions au principe de l'inviolabilité du domicile.

Ces restrictions sont assez nombreuses, mais faciles à justifier par la nécessité qui les a fait imposer.

Il est permis de pénétrer dans le domicile privé :.

1º En cas de *danger imminent*, tel qu'un incendie, une inondation.

2º Pour l'*exercice de la justice criminelle*. — En ce cas :

Les agents de la force publique ont le droit : — de procéder, en vertu du mandat régulièrement décerné, à l'arrestation de la personne, même par la force, au besoin; — de procéder à l'exécution des jugements criminels.

Le garde-champêtre peut suivre les choses enlevées, en présence seulement du juge de paix, du commissaire de police ou du maire (I. cr. 16).

Le juge d'instruction peut faire des visites domiciliaires, et saisir les papiers nécessaires à l'instruction (I. cr. 87).

Le procureur de la République a de même le droit de pénétrer dans le domicile du prévenu, en cas de flagrant délit (I. cr. 36).

3º Pour l'*exercice de la justice civile*.

Les huissiers procédant à la saisie des meubles peuvent entrer dans le lieu où sont les choses saisies, quoiqu'on ait refusé d'ouvrir les portes, mais en présence seulement des personnes ci-dessus indiquées pour accompagner le garde-champêtre (Pr. civ. 587).

4° Pour la *vérification des registres des logeurs,*
par l'autorité municipale (C. pén. 475-2°).


## SECTION IV.

### GARANTIE DE LA LIBERTÉ INDIVIDUELLE A L'ÉTRANGER.

**I. — Angleterre.**

A.— Nous ne saurions passer sous silence les per-
sévérantes revendications du peuple anglais, et la législation qui vint couronner ses efforts, en assurant
pour toujours le principe que nul homme libre ne
peut être détenu sans ordre légal et sans cause.

Les abus ne se comptaient plus : détentions arbitraires, non motivées ; confiscation des réclamations
du prévenu ; dissimulation de sa personne ; trans-
portation du prévenu, même au delà des mers ; dénis
de justice.

Tout fut mis en lumière, à la suite du célèbre
procès James, où la Cour avait refusé de juger l'accusé, sous prétexte qu'il n'était pas inscrit sur le
rôle des prisons.

Peu après, en 1679, le bill d'*habeas corpus* fut
adopté par les deux Chambres, qui en restreignirent
pourtant l'application aux seuls détenus en matière
criminelle.

En 1816 seulement, l'application en devint générale. Aussi, dit-on, depuis deux cents ans, on n'a

pas constaté une seule violation de la liberté individuelle en Angleterre.

B. — Voici les dispositions des bills :

*Principe.* — Tout détenu ou toute personne voulant lui venir en aide peut réclamer du chancelier
ou de l'un des douze juges, un writt d'*habeas corpus*,
c'est-à-dire un ordre adressé par le juge au geôlier,
de représenter le détenu dans un délai variant de
trois à vingt jours, afin que le juge examine la légalité de l'arrestation.

Le requérant s'engage à payer les frais de conduite
au juge, lesquels ne peuvent dépasser douze deniers.

*Exception.* — Le bill n'est pas applicable au cas
d'accusation de trahison ou de félonie.

Mais le prévenu peut être mis en liberté sous caution, et doit être jugé aux plus prochaines assises.

*Sanctions.* — Le juge qui refuse le writt, encourt
une amende de 500 livres.

Le geôlier, qui refuse de représenter copie du
mandat d'arrêt ou d'obéir au writt, est puni d'une
amende de 200 livres.

Celui qui oserait enlever et transporter le pri-
sonnier hors d'Angleterre, encourt les peines les
plus graves, la mort seule exceptée.

**II. — Etats-Unis.**

Les amendements à la Constitution de 1787 ont

consacré le principe de la liberté de la personne et celui de l'inviolabilité du domicile.

## CHAPITRE IV.

### LIBERTÉ DE LA PRESSE.

La *presse* : l'expression s'entend des écrits destinés à la circulation publique.

Elle comprend :

La presse *périodique* : écrits publiés à intervalles réguliers, journaux, revues, etc.

La presse *non périodique* : écrits publiés sans régularité, livres, brochures, etc.

C'est surtout la presse périodique qui a de tout temps appelé l'attention du législateur. C'est elle surtout dont l'influence sur le public devient de plus en plus redoutable.

Après avoir indiqué les *restrictions*, ainsi que les *entraves* à la liberté de la presse, et signalé les *garanties* de cette liberté, nous exposerons la situation faite à la presse, par la loi actuellement en vigueur, du 29 juillet 1881.

## SECTION I.

### RESTRICTIONS A LA LIBERTÉ DE LA PRESSE.

#### § 1. — Modes de restriction.

Les divers systèmes de restriction peuvent être

étudiés, soit en se plaçant au point de vue de l'*éten-*
*due* des restrictions, soit à celui de la *mise en exer-*
*cice* de ces restrictions.

**A. — Systèmes étudiés au point de vue de l'étendue
des restrictions.**

Trois systèmes ont été proposés.

Le *premier*, qui est un système de liberté et non
de restriction, réclame la liberté absolue de la
presse.

Ses partisans, en première ligne Emile de Girar-
din, invoquent à l'appui de leur thèse, l'innocuité de
la pleine liberté, vu, disent-ils, l'impuissance radicale de la presse. — Il serait difficile de soutenir
aujourd'hui un paradoxe aussi flagrant.

Un *deuxième* système accorde aussi entière liberté
à la presse, mais à charge d'une répression, lorsque
l'écrit aura *déterminé* des actes délictueux, meurtre,
pillage, incendie, etc.

Le *troisième* enfin, reconnaît également le droit
absolu de l'écrivain d'exprimer sa pensée, mais il
prononce une sanction plus sévère que le précédent :
la liberté pourrait être restreinte, par cela seul que
l'écrit serait de nature à *provoquer* à des actes délictueux, lors même que la provocation n'aurait été suivie d'aucun effet.

Les arguments invoqués par les deux derniers

systèmes sont sérieux : pourquoi, disent leurs partisans, la liberté de presse ne serait-elle pas, comme toute autre, limitée, d'un côté, par le droit pour ne pas dire le devoir de conservation de l'État, de l'autre côté, par le droit des particuliers?

**B. — Systèmes étudiés au point de vue de la mise en exercice des restrictions.**

Le système restrictif des libertés de la presse, peut être préventif ou répressif.

Dans le système *préventif* ou *administratif*, des moyens sont mis à la disposition du pouvoir exécutif, pour empêcher ou entraver la publication des écrits jugés dangereux : l'autorisation préalable, la censure figurent au premier rang.

Dans le système *répressif* ou *judiciaire*, aucun obstacle à la publication de l'écrit; mais des peines sont prononcées, s'il y a lieu, contre ceux qui sont responsables.

**C. — Combinaison des deux classes de systèmes.**

Le système qui réclame une répression seulement à la suite d'écrits ayant déterminé des actes délictueux, est nécessairement toujours répressif ou judiciaire, puisqu'il n'intervient qu'après la publication de l'écrit.

Dans le système qui va jusqu'à restreindre le droit de publier des écrits provocateurs, avant même de savoir s'ils seront ou non suivis d'effet, on peut user, soit du mode préventif en entravant la publication, soit du mode répressif en la punissant, soit de l'un et de l'autre à la fois.

§ 2. — Enumération des systèmes restrictifs mis en vigueur.

Quatre régimes restrictifs différents ont été adoptés, aux époques où le législateur a réglementé le droit de publier des écrits.

### I. — Régime de l'arbitraire.

Ici, toute mesure restrictive est laissée au bon plaisir du pouvoir administratif; nulle garantie du droit de rendre sa pensée publique par l'écrit. L'autorité peut organiser à volonté tant le système préventif que le système répressif le plus sévère : la liberté de la presse n'existe pas.

En ce sens, l'arrêté des consuls du 27 nivôse an VIII. Il soumettait les écrits à l'examen préalable de la censure, et tout en réservant l'illusoire protection du Sénat conservateur, il autorisait formellement la suppression des journaux et la confiscation des livres.

Toutefois, l'*arbitraire*, il faut le remarquer, ne s'affiche pas toujours dans toute sa nudité.

Ainsi, sous le régime de l'arrêté que nous venons de citer, on avait paru organiser une garantie de la liberté d'écrire, qui aurait, il est vrai, limité l'arbitraire, si la mise en œuvre en eût été pratique et facile. Telle qu'elle était, la voici : une commission sénatoriale pouvait traduire celui qui avait violé la liberté de la presse devant une haute Cour de justice, qui ne fonctionna jamais.

Cette apparente garantie ne s'appliquait d'ailleurs qu'à la presse non périodique.

**II. — Régime de concessions et de retraits facultatifs de brevet d'imprimeur et de libraire.**

Le système restrictif est ici avant tout préventif; la restriction porte sur les metteurs en œuvre indispensables, sur l'imprimeur et sur le libraire, dont la profession cesse d'être libre. L'un et l'autre doivent, pour l'exercer, obtenir préalablement la *concession d'un brevet*, délivré à ceux-là seuls qui offriront toute garantie. L'imprimeur ou le libraire autorisé n'en demeure pas moins sous la menace permanente du *retrait de concession :* qu'il se garde donc de laisser sortir de ses presses ou de ses magasins quelque feuille, quelque livre hostile ou suspect.

La profession d'imprimeur, soumise au régime de concession de brevet sous la monarchie absolue, y fut replacée par l'Empereur en 1810. — Même restriction de 1852 à 1870. — A cette dernière date, le gouvernement de la Défense nationale proclama de

nouveau le libre exercice des professions d'imprimeur et de libraire. Aucune atteinte n'a été portée
depuis à cette liberté.

L'article 1 de la loi du 29 juillet 1881 la consacre
encore une fois : « L'imprimerie et la librairie sont
libres. »

### III. — Régime de l'autorisation préalable.

Sous le premier Empire, les journaux ne pouvaient
être créés ni publiés sans *autorisation préalable* du
gouvernement.

La même restriction fut imposée à la presse périodique, sous la Restauration, en exceptant toutefois
deux courtes périodes, de 1819 à 1820, et de 1828
à 1830.

Le second Empire pratiqua également le régime
de l'autorisation préalable. Un décret du 17 février 1852 l'exigeait formellement.

Ce dernier texte ajoutait encore aux rigueurs dé-
ployées contre la presse, en accordant à l'administration le droit de suspendre et même de supprimer
le journal en certains cas.

La nécessité de l'autorisation préalable fut définitivement abolie par la loi du 11 mai 1868.

Mais l'autorisation demeura exigée pour la publication des gravures et dessins, jusqu'à la loi de
1881.

**IV. — Régime de la censure.**

La *censure* est l'interdiction, après examen, de tout ou partie d'un écrit destiné à la publication. On voit qu'elle touche de près à l'autorisation préalable, mais elle porte cependant une atteinte moins grave à la liberté de la presse.

La censure, abolie en 1791, avec toute autre restriction à la liberté de communiquer ses pensées, reparut en l'an V.

Sous le premier Empire, l'examen de l'écrit se faisait par les soins du ministre de la police : il ne suffisait pas que l'auteur modifiât son écrit, suivant les exigences de la censure, qui pouvait, malgré cette soumission, interdire encore la publication.

La Charte de 1814 abolit de nouveau la censure ; mais elle fut bientôt rétablie, d'abord pour la presse non périodique, quand l'écrit avait moins de vingt feuilles d'imprimerie ; plus tard, pour la presse périodique.

La Charte de 1830 portait : « La censure ne pourra jamais être rétablie. »

## SECTION II.

### ENTRAVES A LA LIBERTÉ DE LA PRESSE.

Certaines exigences administratives, auxquelles il est toujours possible de satisfaire, et qui ne sont point par conséquent de véritables restrictions, entravent pourtant plus ou moins la liberté de l'écrivain.

### Iʳᵉ Entrave. — Cautionnement.

On appelle de ce nom un nantissement en espèces ou en valeurs que les gérants de journaux, les imprimeurs sont parfois obligés de déposer entre les mains de l'administration.

Nous plaçons le cautionnement au premier rang des entraves à la liberté de la presse, parce qu'il peut atteindre un chiffre tellement élevé, que, sous couleur d'entrave, l'autorité organise en réalité une véritable restriction.

Le cautionnement est seulement une entrave, lorsqu'il a pour but : soit d'assurer le paiement des amendes de presse ; soit de placer l'influence par l'écrit entre les mains des plus riches. — L'entrave d'ailleurs ne fonctionne pas toujours en faveur de l'autorité, les plus riches pouvant bien être aussi les adversaires du gouvernement.

Le cautionnement est une restriction, lorsqu'il a pour but d'empêcher la création du journal.

Entrave ou restriction, le cautionnement n'atteint jamais que la presse périodique.

Etabli en 1819, il a été aboli par l'article 5 de la loi du 29 juillet 1881.

### 2ᵉ Entrave. — Timbre.

L'obligation au timbre, imposée aux journaux et aux écrits périodiques de peu d'étendue, sous le premier et le second Empire, était évidemment une mesure politique plutôt qu'une mesure fiscale.

Un décret du 5 septembre 1870 abolit le timbre sur les journaux et autres publications.

### 3ᵉ Entrave. — Frais de poste.

Il est juste que les journaux supportent des frais de poste, qui sont le prix du service rendu. Mais de 1852 à 1856, ces frais avaient été élevés dans le but de mettre un obstacle de plus à la circulation des journaux.

### 4ᵉ Entrave. —Surtaxe sur le papier.

Une loi du 4 septembre 1871, qui établissait un droit de fabrication sur toutes sortes de papiers, frappait d'une surtaxe de 20 francs par 100 kilos, le papier des journaux et écrits périodiques assujettis au cautionnement. La presse périodique se trouvait par là entravée; mais la mesure n'avait que le but fiscal de remplacer par un impôt celui du timbre qui frappait autrefois les journaux.

Le cautionnement ayant disparu en 1881, la surtaxe avait déjà été abolie en même temps, lorsque la loi du 8 août 1885 est venue supprimer l'impôt de fabrication sur le papier.

## SECTION III.

### GARANTIES DE LA LIBERTÉ DE PRESSE.

**1re Garantie. — Réglementation par la représentation nationale.**

La presse se trouve ainsi soustraite à l'arbitraire du pouvoir; l'écrivain rentre dans le droit commun, et n'est plus puni qu'en vertu d'une loi.

Les lois sur la presse ont été fort nombreuses pendant ce siècle; car elles ont naturellement suivi les vicissitudes des régimes politiques, qui se succédaient, tantôt autoritaires et tantôt libéraux.

Citons les principales :

Lois de 1819; loi du 9 septembre 1835; décrets d'août 1848; loi du 29 décembre 1875; enfin la loi actuelle, que nous commenterons bientôt, du 29 juillet 1881.

**2e Garantie. — Intervention du jury dans les procès de presse.**

Déférer au jury la connaissance des délits de presse est sans doute une précieuse garantie contre l'arbitraire du pouvoir. Mais, d'un autre côté, l'indulgence excessive ou peut-être l'inconsciente partialité du juré ne risque-t-elle pas d'énerver la répression? L'écrivain ne trouvera-t-il pas aussi dans le retentissement du procès porté de-

vant la Cour d'assises un moyen de tapageuse réclame?

On voit qu'en théorie les arguments pour et contre
ne font pas défaut.

En fait, la législation sur la presse a oscillé entre
l'attribution de compétence, tantôt à la Cour d'assises, tantôt au tribunal correctionnel; c'est-à-dire
qu'elle a alternativement accordé et refusé à l'écrivain
la garantie résultant de l'intervention du jury dans
les procès de presse, selon que le pouvoir s'enga-
geait dans la voie libérale ou dans la voie autori-
taire.

C'est la loi du 26 mai 1819 qui attribua compétence
de droit commun au jury, pour connaître des délits
de presse.

Peu après, en 1822, la plupart des délits furent
déférés aux tribunaux correctionnels.

En 1830, compétence presque générale fut rendue
au jury.

« La connaissance de tous les délits commis par
la voie de la presse, portait l'article 83 de la constitution de 1848, appartient exclusivement au jury. »
— « Le jury statue seul sur les dommages-intérêts
réclamés pour faits ou délits de presse. »

Le décret-loi du 17 février 1852, déjà cité, renvoyait aux tribunaux correctionnels la connaissance
de tous les délits de presse prévus par les lois an-

térieures et de tous ceux que créait le décret lui-même (art. 25).

Un décret du gouvernement de la Défense nationale, du 14 octobre 1870, rendit compétence à la Cour d'assises.

Tel est aussi le système des lois actuellement en vigueur, dont nous allons aborder l'étude.

## SECTION IV.

### SITUATION ACTUELLE DE LA PRESSE EN FRANCE.

Cette situation est aujourd'hui réglée par la loi du 29 juillet 1881, qui a remplacé les nombreux textes antérieurs relatifs à cette matière, et qui forme un véritable code de presse.

#### § 1. — Système adopté.

Sur toute la ligne, le système préventif a été abandonné, pour faire place au seul système répressif.

#### § 2. — Restrictions, Entraves.

**I. — Suppression des restrictions.**

1° Le texte que nous étudions a soigneusement réglé la matière, assez pour permettre d'affirmer que l'arbitraire a fait son temps. Il a organisé un véritable régime de liberté, que l'on a même plus d'une fois accusé de dégénérer en licence.

2° L'imprimerie et la librairie sont libres : il n'y a

plus de concessions de brevets d'imprimeur ou de libraire.

3° Aucune autorisation préalable n'est exigée pour la création d'un journal.

4° Plus de censure, ni pour la presse périodique, ni pour la presse non périodique.

## II. — Suppression des entraves.

1° Plus de cautionnement.

2° Le timbre sur les journaux demeure aboli. Quant aux frais de poste, les journaux sont soumis aux taxes de droit commun.

3° La taxe sur le papier a disparu.

**III.** — A la place des restrictions et des entraves supprimées, certaines *obligations* seulement, que nous indiquerons bientôt.

**IV.** — Une seule restriction existe : encore ne frappe-t-elle que la presse étrangère.

La circulation en France des journaux étrangers peut être interdite par décision spéciale prise en conseil des ministres.

La circulation d'un numéro peut être interdite par le ministre de l'intérieur.

Sanction : la vente ou la distribution prohibée, faite sciemment, est punie d'une amende de 50 à 500 francs (L. 29 juil. 1881, art. 14).

§ 3. — Garanties de liberté.

Sous la législation actuelle, la presse jouit pleinement des deux garanties :

Réglementation de la liberté de la presse par le législateur.

Intervention du jury dans les procès de presse.

§ 4. — Obligations imposées en matière de presse. ]

## A. — Presse non périodique.

— *Règles :*

1° Tout imprimé rendu public indiquera le nom et le domicile de l'imprimeur.

Sanction : amende, contre l'imprimeur, de 5 à 15 francs; emprisonnement, en cas de récidive dans l'année.

2° Dépôt fait par l'imprimeur de deux exemplaires des imprimés, trois pour les productions autres que les imprimés.

Sanction : amende de 16 à 300 francs.

— *Exceptions :*

Ne sont pas soumis aux deux obligations précédentes : — les bulletins de vote, les circulaires commerciales; — les ouvrages de ville ou bilboquets, c'est-à-dire ceux qui ne sont pas susceptibles d'être répandus dans le commerce.

(L. 20 juil. 1881, art. 2 à 4).

**B. — Presse périodique** (art. 5 à 13).

PREMIÈRE OBLIGATION. — Tout écrit périodique doit avoir un *gérant,* français, majeur, jouissant de ses droits civils et civiques.

Sanction : amende de 50 à 500 francs, contre le propriétaire du journal, ou à défaut contre l'imprimeur.

DEUXIÈME OBLIGATION. — Avant toute publication, *déclaration* au parquet, contenant : 1° le titre et le mode de publication de l'écrit; 2° les nom et demeure du gérant; 3° l'indication de l'imprimerie.

Déclaration par écrit, sur papier timbré.

Sanctions :

1° Amende de 50 à 500 francs, contre le propriétaire, le gérant ou à défaut, l'imprimeur.

2° Interdiction de publication de l'écrit, jusqu'à l'accomplissement des formalités.

3° Amende de 100 francs par numéro publié irrégulièrement, contre les mêmes personnes, solidairement prononcée.

TROISIÈME OBLIGATION. — Lors de la publication, *dépôt* de deux exemplaires du numéro ou de la livraison, signé du gérant : dans la Seine, au ministère de l'intérieur; partout ailleurs, au parquet ou, à défaut, à la mairie.

Sanction : amende de 50 francs contre le gérant.

QUATRIÈME OBLIGATION. — Au bas de chaque exemplaire, insertion du *nom du gérant*.

Sanction : amende de 16 à 100 francs par numéro contre l'imprimeur.

CINQUIÈME OBLIGATION. — Insertion des *rectifications* adressées par l'autorité, en tête du plus prochain numéro, gratuitement. Les rectifications ne peuvent dépasser le double de l'article rectifié.

Sanction : amende de 100 à 1.000 francs contre le gérant.

SIXIÈME OBLIGATION. — Insertion des *réponses* de toute personne désignée dans l'écrit périodique.

Sanction : amende de 50 à 500 francs contre le gérant.

### § 5. — Délits de presse.

Le mot délit est pris ici dans son sens le plus général en droit pénal : il s'entend de toute infraction à la loi pénale.

Il serait difficile de classer les infractions de presse, comme celles de droit commun, en crimes, délits ou contraventions, selon que ces infractions entraînent des peines criminelles, correctionnelles ou de simple police : on sortirait ainsi de la terminologie adoptée en matière de presse. Il vaut mieux employer pour toute infraction la qualification de délit, et se rappeler pour chacune d'elles, et la peine correspondante. et la juridiction compétente.

Les délits de presse peuvent se diviser en trois classes :

Délits contre l'*ordre public.*

Délits contre les *personnes.*

Délits contre les *mœurs.*

**Première classe. — Délits contre l'ordre public.**

1. — *Provocation à un crime ou à un délit.*

1° La provocation est punie des peines de la complicité :

Lorsqu'elle a été suivie d'effet ;

Lors même qu'elle a été seulement suivie d'une tentative suspendue sans la volonté de son auteur (art. 23).

2° La provocation est punie de deux mois à deux ans d'emprisonnement, et de 100 à 3.000 francs d'amende :

Lors même qu'elle n'a été suivie d'aucun effet, si l'écrit provoquait au meurtre, au pillage, à l'incendie ou à un crime contre la sûreté de l'État (art. 24-1°).

3° La provocation est punie de 1 à 6 mois d'emprisonnement et de 16 à 100 francs d'amende :

Dans tous les cas, lorsqu'elle a pour but de détourner les militaires de leurs devoirs (art. 25).

II. — *Publication de fausses nouvelles*, ayant troublé la paix publique, faite de mauvaise foi.

Emprisonnement, amende (art. 27).

III. — *Publication des actes d'accusation*, avant que lecture en ait été faite à l'audience.

Amende de 50 à 1.000 francs (art. 38).

IV. — *Publication du compte-rendu*, soit des procès en diffamation dans lesquels la preuve des faits n'est pas autorisée, soit des procès dont le tribunal aura interdit le compte-rendu, soit des délibérations des jurys ou tribunaux.

Amende de 100 à 2.000 francs (art. 39).

V. — *Ouverture ou annonce de souscriptions* publiques destinées à indemniser les condamnés pour crimes ou délits.

Emprisonnement, amende (art. 40).

VI. — *Offense au Président de la République*, par des écrits ou des dessins rendus publics.

Emprisonnement, amende (art. 26).

VII. — *Offense* commise publiquement *contre les chefs d'États étrangers.*

Emprisonnement, amende (art. 36).

VIII. — *Outrage* public contre les *ambassadeurs.*

ou *envoyés* accrédités près du gouvernement par les États étrangers.

Emprisonnement, amende (art. 37).

**Deuxième classe. — Délits contre les personnes.**

I. — *Injure.* — Expression outrageante, sans allégation d'aucun fait.

1° Contre les *corps constitués*, Sénat, Chambre, etc.; — contre les cours, tribunaux; — contre les armées, les administrations; — contre les fonctionnaires.

Emprisonnement, amende (art. 33).

2° Contre les *particuliers* : peines moins graves, surtout si l'injure n'a pas été publique (V. art. 33 1° et 2°).

II. — *Diffamation.* — Allégation d'un fait portant atteinte à l'honneur.

1° Contre les *corps constitués*, Sénat, Chambre, etc. (comme ci-dessus).

Emprisonnement, amende.

Quand le fait diffamatoire est relatif aux fonctions, la vérité peut en être établie, et si la preuve en est rapportée, le prévenu est acquitté (art. 35).

2° Contre les *particuliers.*

Emprisonnement, amende.

La preuve du fait diffamatoire ne peut être faite par le prévenu.

III. — *Injures ou diffamations contre la mémoire des morts.*

Punies seulement dans le cas où les auteurs auraient voulu porter atteinte à l'honneur des héritiers vivants (art. 34).

**Troisième classe. — Délits contre les mœurs.**

L'outrage aux *bonnes mœurs* commis par la voie de la presse est puni d'un emprisonnement de un mois à deux ans et d'une amende de 16 francs à 2.000 francs (art. 28).

### § 6. — Délits disparus.

A. — Un grand nombre de faits qualifiés auparavant délits de presse et punis comme tels, ont cessé de figurer dans la nomenclature des infractions prévues par la loi de 1881. Aujourd'hui, il n'y a plus de délits d'opinion.

Malgré bien des efforts pour maintenir la plupart de ces faits au rang des actes punissables, malgré les violentes critiques que soulevait leur suppression, le principe de liberté a triomphé. Voici les deux motifs principaux de la suppression :

D'un côté, la plupart des incriminations dont nous allons donner la liste sont assez vagues pour laisser place à trop d'arbitraire dans la répression.

D'un autre côté, il est difficile d'y faire la distinction précise entre la discussion permise et l'atteinte à l'ordre public.

B. — Quoi qu'il en soit, voici les délits qui ont disparu en 1881 :

1º Attaques contre la constitution, la souveraineté nationale, ou le suffrage universel.

2º Offenses aux Chambres; on n'a conservé que la répression des injures et des diffamations, dont nous avons parlé au paragraphe précédent.

3º Provocation à la désobéissance aux lois.

4º Atteintes portées au respect dû à l'inviolabilité des lois.

5º Apologie de faits qualifiés crimes ou délits.

6º Outrages à la morale publique et religieuse.

7º Atteintes à la liberté des cultes.

8º Excitation par voie de presse à la haine ou au mépris du gouvernement.

9' Interdiction de publier les comptes-rendus des procès de presse.

10º Publications de faits relatifs à la vie privée.

### § 7. — Personnes responsables.

1º Les *propriétaires* des journaux ou écrits périodiques sont *civilement responsables* des dommages-intérêts prononcés en réparation du préjudice causé par la voie de la presse (art. 44).

2º Sont passibles, comme *auteurs principaux*, des

peines en matière de presse, et dans l'ordre suivant : les *gérants* ou *éditeurs;* à leur défaut, les *auteurs* de l'écrit; à défaut des auteurs, les *imprimeurs;* à défaut des imprimeurs, les *vendeurs*, distributeurs ou afficheurs.

3° Lorsque le gérant ou les éditeurs seront en cause, les *auteurs* seront poursuivis comme *complices* ainsi que les personnes désignées dans l'art. 60 du Code pénal.

### § 8. — Juridictions compétentes.

I. — La *Cour d'assises* peut être considérée comme le tribunal de droit commun, en matière de délits de presse (art. 45).

Le jury est ici un jury ordinaire, et non un jury de lettrés, comme en Angleterre.

II. — Le *tribunal de police correctionnelle* est compétent, par exception :

1° Pour l'omission des obligations imposées aux gérants et aux imprimeurs (une exceptée, celle de l'art. 2).

2° Pour la mise en vente ou la distribution des feuilles étrangères interdites en France.

3° Pour les outrages aux bonnes mœurs.

4° Pour la diffamation ou l'injure envers les particuliers.

5° Pour la publication des actes d'accusation, des comptes-rendus de procès en diffamation où la preuve n'est pas autorisée.

6° Pour l'ouverture des souscriptions ci-dessus indiquées.

III. — Le *tribunal de simple police* est compétent :

1° Pour l'omission du nom de l'imprimeur sur l'écrit public.

2° Pour l'injure non publique commise par la voie de la presse.

### § 9. — Privilèges de la presse.

Un assez grand nombre de dérogations au droit commun, les unes justifiables, les autres discutables, constituent de vrais privilèges de presse.

1° L'aggravation de peine résultant de la récidive n'est pas applicable aux délits prévus par la loi de 1881 (art. 63-1°).

2° Le cumul des peines n'existe jamais ; la peine la plus forte est seule prononcée (art. 63-2°).

3° Pas de détention préventive pour le prévenu domicilié, sauf en cas de crime (art. 49-2°).

4° L'imprimeur n'est pas toujours puni comme complice (art. 43-2°).

5° Connexité de l'action publique et de l'action civile (art. 46).

6° Prescription des deux actions réduite à trois mois (art. 65).

7° Juridiction du jury pour les délits mêmes.

8° Interdiction à la Cour d'assises de statuer, en cas d'acquittement, sur les dommages-intérêts réclamés par la partie civile. — Elle peut statuer seulement sur ceux que réclame le prévenu (art. 58).

9° Les circonstances atténuantes sont toujours admissibles : si elles sont admises, la peine prononcée ne peut excéder la moitié de la peine édictée par la loi (art. 64).

### § 10. — Abrogation des lois antérieures.

Malgré le texte formel de l'article 68, qui abroge les lois antérieures, on admet généralement que l'abrogation ne porte que sur les dispositions du Code pénal en matière de presse.

Les lois antérieures, dans ce système, subsisteraient en ce qu'elles ne contiennent pas de contraire à la loi de 1881.

## CHAPITRE V.

### LIBERTÉ DU COLPORTAGE, DE L'AFFICHAGE, DU CRIAGE.

### SECTION I.

#### LIBERTÉ DU COLPORTAGE.

Le *colportage* est la distribution des écrits destinés à la circulation publique.

### A. — Historique.

Jusqu'en 1789, les libraires et les imprimeurs brevetés faisaient le colportage, sous la surveillance rigoureuse de l'autorité.

En 1789, le colportage devint libre.

En 1791, les colporteurs durent avoir patente et domicile.

En 1849, les préfets donnaient aux colporteurs une autorisation révocable.

Le second Empire avait édicté des dispositions rigoureuses, applicables à toute distribution d'écrits; en particulier l'autorisation était obligatoire pour le colporteur.

La troisième République, tout en maintenant les lois en vigueur, s'était montrée d'une grande tolérance.

Une loi de 1878 demandait seulement au colporteur la production d'un catalogue de ses livres.

### B. — Situation actuelle.

1. — La loi du 29 juillet 1881 a réglementé à nouveau le colportage et la vente sur la voie publique. Voici ses dispositions à ce sujet.

1° Tout colporteur de profession doit faire une déclaration préalable à la préfecture ou à la mairie (art. 18).

Sanction : amende, emprisonnement.

2° Les colporteurs ou distributeurs sont, comme

nous l'avons vu, passibles des peines édictées contre les délits de presse, à défaut des autres personnes responsables (art. 42).

3° Ils sont poursuivis conformément au droit commun, pour la distribution d'écrits, dessins, présentant un caractère délictueux (art. 22).

4° L'exposition de dessins obscènes est punie de prison et d'amende. Les exemplaires seront saisis (art. 28).

II. — La loi du 2 août 1882, voulant réprimer les outrages aux mœurs, qui résultaient de la vente et distribution sur la voie publique, d'écrits, de dessins obscènes, a prononcé un emprisonnement d'un mois à deux ans, et une amende de 16 à 3.000 francs : contre les distributeurs, vendeurs, et leurs complices.

La poursuite a lieu devant le tribunal correctionnel.

## SECTION II.

### LIBERTÉ DE L'AFFICHAGE.

La liberté de l'*affichage* a subi des variations analogues à celles du colportage.

I. — La loi du 29 juillet 1881 consacre la liberté d'affichage.

Quelques restrictions existent pourtant.

1° Le maire réserve des places destinées à l'affichage des lois ou des actes de l'autorité.

2° Les affiches de l'autorité sont seules sur papier blanc.

3° Les affiches ne peuvent être apposées sur les édifices du culte (art. 15, 16).

II. — La loi du 2 août 1882 s'applique à l'affichage d'écrits ou de dessins obscènes.

III. — Les affiches sont assujetties au timbre de dimension (L. 18 juil. 1866).

## SECTION III.

### LIBERTÉ DU CRIAGE.

La loi du 19 mars 1889 a limité la liberté du *criage* sur la voie publique, en reproduisant l'ancienne interdiction aux crieurs d'énoncer autre chose que le titre, le prix des écrits, leur opinion et le nom des auteurs.

Aucun titre obscène, injurieux ou diffamatoire ne peut être annoncé sur la voie publique.

## CHAPITRE VI.

### LIBERTÉ DE L'ÉCRIT PRIVÉ.

Nous entendons par *écrit privé* celui qui n'est pas destiné à la circulation.

**I. — Papiers domestiques, mémoires.**

La perquisition et même la saisie de ces écrits est autorisée pour les besoins de l'instruction pénale;

excepté chez les dépositaires officiels des écrits privés, notaires, avoués, avocats (I. cr. 35 à 39).

### II. — Lettres confiées à la poste.

Le secret professionnel est imposé à l'administration, qui a le monopole de la circulation des lettres.

La suppression, l'ouverture d'une lettre par un fonctionnaire, sont punies d'amende, d'emprisonnement et d'interdiction d'emploi public (C. P. 187).

C'est une question de savoir si les lettres peuvent être ouvertes pour les besoins de l'instruction pénale. La Cour de cassation l'admet.

### III. — Télégrammes.

Le secret professionnel est également imposé aux employés.

L'administration a le droit de refuser les dépêches dangereuses.

## CHAPITRE VII.

### LIBERTÉ DE LA PAROLE.

Nous distinguerons les *discours privés*, les *discours publics*, les *cris publics*, les *représentations théâtrales*, l'*enseignement*.

### SECTION I.

### DISCOURS PRIVÉS.

Il semble étrange que l'on songe à contester la pleine liberté des discours privés.

On doit cependant rappeler qu'un édit de Henri II punissait celui qui avait mal parlé du roi, et que pareil délit entraînait, sous Louis XIV, l'exil et la Bastille.

## SECTION II.

### DISCOURS PUBLICS.

**A. — Discours incriminés.**

1° La loi du 29 juillet 1881 applique aux délits commis par le moyen de discours publics, provocation, offenses, etc., les mêmes pénalités qu'aux délits commis par la voie de la presse (art. 23 et s.).

2° Il faut appliquer également la loi de 1881 aux discours des ministres du culte.

3° Les instructions pastorales de ces ministres, qui contiennent une critique du gouvernement, entraînent le bannissement.

Si l'instruction provoque à la désobéissance aux lois, la peine de la détention est encourue, sous réserve de peines plus graves, si la provocation a été suivie d'effet (C. P. 204 à 206).

4° Les auteurs de discours injurieux pour les magistrats, les jurés, les officiers ministériels ou les commandants de la force publique, sont punis d'emprisonnement, parfois d'amende, et condamnés à faire réparation (C. P. 222 à 227).

5° Sont encore punis les auteurs de discours ayant provoqué un attroupement (L. 22 juil. 1879, art. 9).

**B. — Discours non incriminés.**

Ne peuvent donner lieu à une action :

Les discours tenus dans le sein des Chambres.

Les discours prononcés devant les tribunaux (L. 29 juil. 1881, art. 41).

## SECTION III.

### CRIS PUBLICS.

L'article 24-2° de la loi du 29 juillet 1881 punit d'emprisonnement et d'amende ceux qui ont proféré des *cris* ou *chants séditieux* dans des réunions ou lieux publics.

L'article 5 de la loi du 29 décembre 1875 attribue compétence en cette matière au tribunal de police correctionnelle.

## SECTION IV.

### REPRÉSENTATIONS THÉÂTRALES.

Pour le *théâtre*, comme pour la presse, on hésite entre le système répressif et le système préventif.

La Convention avait usé du premier, en fermant les théâtres, et en menaçant les directeurs d'emprisonnement.

La *censure dramatique*, aussi ancienne que le théâtre même, est le moyen préféré du système préventif.

On a beaucoup discuté, sur la légitimité d'un

côté, sur l'efficacité de l'autre, de la censure dramatique. Quoi qu'il en soit, le meilleur argument invoqué pour la maintenir, repose sur les atteintes que
les représentations théâtrales peuvent porter à la
morale et à l'ordre public.

SECTION V.

ENSEIGNEMENT.

La question de la liberté d'enseignement est aussi
vitale que celle de la liberté de la presse.

*L'enseignement,* en effet, comprend toute parole
adressée à l'enfance ou à l'adolescence, dans un but
d'éducation.

L'État peut-il se désintéresser entièrement de
l'exercice public d'un droit aussi important pour lui
que le droit d'instruire la jeunesse.

§ 1. — Systèmes proposés.

Un premier système consacre la *liberté absolue* de
l'enseignement, et laisse aux seuls parents le droit
de choisir pour leurs enfants les maîtres qui leur
conviennent.

Un deuxième, s'inspirant du seul intérêt général,
réserve à l'*État* le monopole de l'enseignement public.

Dans une troisième opinion, l'intérêt de la religion
domine les autres, et le droit d'enseigner est réservé
à l'*Église.*

Enfin, une tendance assez répandue porte les peuples modernes à l'adoption d'un système mixte, préconisant la *liberté relative*, sous la surveillance de l'État, celui-ci pouvant, en outre, se réserver le monopole de certains enseignements.

Le mode de contrôle le plus adopté consiste dans la nécessité pour les maîtres d'établir qu'ils possèdent certaines *capacités* déterminées par l'État.

### § 2. — Historique.

Sous l'ancienne monarchie française, l'Église, soutenue par les Congrégations religieuses, disputait victorieusement à l'État le monopole ou tout au moins le partage de l'enseignement public.

Si l'autorisation royale était nécessaire pour la fondation des établissements d'instruction, d'un autre côté y fallait-il généralement l'assentiment du clergé : les universités, créées par édit du roi, étaient approuvées par bulles du pape ; les collèges demeuraient sous la surveillance des évêques.

La Constitution de 1793, qui consacre le principe de l'enseignement gratuit, est muette sur celui de la liberté d'enseignement.

La Convention décréta l'enseignement libre, sous la surveillance de l'État.

Le premier Empire supprima cette liberté. En 1806,

il créa l'Université, à laquelle il réserva le monopole de l'enseignement.

Guizot fit décréter la liberté de l'enseignement *primaire*. Toute personne âgée de 18 ans put enseigner, si elle était munie d'un certificat de capacité et de moralité.

En 1850, liberté de l'enseignement *secondaire*. Tout Français âgé de 25 ans, a droit d'ouvrir un établissement d'enseignement secondaire, en remplissant certaines formalités et en produisant un certificat de stage, un diplôme de bachelier ou un certificat de capacité délivré par un jury de l'État (L. 15 mars 1850).

En 1881, création de l'enseignement secondaire spécial.

La loi du 17 juillet 1875 déclara libre l'enseignement *supérieur* lui-même.

La loi du 16 juin 1881, n'autorise plus à donner l'enseignement primaire que les seules personnes munies d'un certificat spécial de capacité (art. 1-1°). — Elle supprime toutes les équivalences de la loi de 1850.

### § 3. — Gratuité de l'enseignement.

La *gratuité* de l'enseignement *primaire* est établie par une autre loi du 16 juin 1881.

### § 4. — Instruction obligatoire.

La loi du 28 mars 1882 rend l'instruction *primaire*

obligatoire pour tous les enfants de six à treize ans révolus : donnée soit dans les écoles publiques ou libres, soit dans les familles (art. 4-1º).

# CHAPITRE VIII.

## LIBERTÉ DE RÉUNION.

Distinguons tout d'abord la réunion de l'association.

Les *réunions* sont des assemblées, tantôt périodiques, tantôt accidentelles, tenues dans un but déterminé.

Les *associations* sont des unions d'intérêts, permanentes, et supposant l'accord entre les associés.

Nous ne parlons dans le présent chapitre que de la liberté de réunion.

On divise les réunions, en se plaçant à deux points de vue.

D'abord, suivant le but que se proposent les réunions, elles sont *politiques*, *électorales*, *religieuses*, etc.

Elles se divisent en second lieu en réunions *privées* et réunions *publiques*.

## SECTION I.

### RÉUNIONS PRIVÉES.

Sous le Consulat et le premier Empire, elles furent

soumises à une autorisation préalable et entravées par la police.

Aujourd'hui, en raison du peu de danger qu'elles présentent, elles ne sont plus soumises à aucune restriction.

## SECTION II.

### RÉUNIONS PUBLIQUES.

Subdivision :

Réunions électorales.

Réunions tenues hors de la voie publique.

Réunions tenues sur la voie publique.

Clubs.

#### § 1. — Réunions électorales.

Les *réunions électorales* forment une classe à part, en raison tant de leur importance que de leur danger.

La loi les définit : celles qui ont pour but le choix ou l'audition de candidats aux fonctions publiques électives.

A. — On peut dire que de 1789 à 1852, le droit de se réunir fut accordé aux électeurs, à toutes les époques où le droit d'élection fut lui-même reconnu.

En 1852, plus de réunions électorales.

En 1868, elles furent permises pour les élections des députés.

B. — La loi du 30 juin 1881, actuellement en vigueur, autorise les réunions électorales, aux conditions suivantes :

1º *Déclaration* préalable, par deux personnes de la commune jouissant de tous leurs droits.

Faite au préfet, au sous-préfet, ou au maire.

Indiquant le caractère de la réunion.

2º *Délai* de deux heures au moins entre le reçu de la déclaration et la réunion — sauf en un cas où le délai est supprimé (V. art. 3-2º et 3º).

3º *Restriction* de la réunion aux électeurs de la circonscription, aux candidats, aux députés et sénateurs.

### § 2. — Réunions tenues hors de la voie publique.

A. — Bien des variations de législation se sont produites, depuis l'année 1789, époque où le droit de réunion fut reconnu aux citoyens.

B. — La loi du 30 juin 1881 est aussi le Code actuel des réunions publiques non électorales.

Elles sont permises, sans autorisation préalable, aux conditions suivantes :

1º *Déclaration* semblable à celle des réunions électorales.

2º *Délai* de 24 heures au moins, entre le reçu de la déclaration et la réunion.

3° *Bureau* de trois personnes au moins, désignées par les déclarants ou élues par l'assemblée.

4° Faculté de déléguer un fonctionnaire administratif ou judiciaire, avec droit de dissolution en deux cas (art. 9).

5° *Fermeture* de la réunion à onze heures du soir, sauf exception (art. 6).

### § 3. — Réunions sur la voie publique.

Ces réunions portent le nom d'*attroupements*.

Elles présentent plus d'un danger : trouble de la circulation, insurrections, barricades, arrestations arbitraires, intimidation par la violence.

Pourtant la constitution de 1791 reconnaissait aux citoyens le droit de s'assembler paisiblement, sans armes, en satisfaisant aux lois de la police.

La loi du 7 juin 1848 et celle du 22 juillet 1879 article 7, contiennent les règles actuellement applicables.

1° Tout *attroupement armé* est interdit sur la voie publique et peut être dissipé par la force après deux sommations.

2° Tout *attroupement non armé*, susceptible de troubler la paix publique, est aussi interdit, et peut être dispersé après trois sommations.

3° Des peines sévères sont prononcées soit contre ceux qui forment l'attroupement, soit contre ceux qui ont provoqué le rassemblement.

## § 4. — Clubs.

### I. — Définition.

Les *clubs* sont des réunions publiques permanentes, se tenant à des jours marqués ; ils se rapprochent donc de l'association, dont ils diffèrent pourtant, en ce qu'ils ne sont pas des unions d'intérêts.

Ils comportent un directeur, des cotisations, et ordinairement l'affiliation à d'autres clubs.

### II. — Dangers.

Chaque club se prétend, sans aucun mandat, organe de l'opinion publique, et peut devenir une force redoutable.

L'affiliation des clubs les uns aux autres leur permet une organisation politique, et leur donne prise contre le gouvernement.

### III. — Historique.

Les clubs ont eu pour origine, en France, celui qu'ouvrirent les députés bretons de 1789, dans l'ancien couvent des Jacobins.

Danton, au club des Cordeliers, Robespierre, à celui des Jacobins, parvinrent à dominer la Convention.

Après avoir été déclarés inviolables, en 1793, les clubs disparurent depuis l'an III jusqu'à l'année 1830, où ils firent, en fait, une courte apparition de deux mois.

1848 vit renaitre les clubs avec leurs excès : ils envahissent l'Assemblée, dont ils provoquent la dissolution.

Un projet Cavaignac, réglementant rigoureusement les clubs, n'empêcha pas l'Assemblée de les supprimer par une loi provisoire, ensuite prorogée.

La loi du 30 juin 1881 porte seulement : « Les clubs demeurent interdits. » (art. 7). — Ce texte est une application de l'article 291 du Code pénal.

## CHAPITRE IX.

### LIBERTÉ D'ASSOCIATION.

**I. — Définition.**

L'*association* est l'union de plusieurs personnes, dans un but commun, sans intérêt pécuniaire en jeu. — C'est ce dernier caractère qui distingue l'association des sociétés civiles ou commerciales, réglementées par le droit civil ou le droit commercial.

Les associations ont un but tantôt politique, tantôt religieux ou littéraire, etc.

**II. — Dangers, Avantages.**

Toute collectivité reconnue ou tolérée forme par là même un petit État, plus ou moins rival du grand.

D'un autre côté, l'association est une forme de cette puissance moderne, le nombre, à laquelle appartient sans doute l'avenir. Donc, il faut consacrer cette force utile, mais aussi l'endiguer; c'est-à-dire liberté d'association, avec intervention de l'État.

### III. — Limitations de la liberté d'association.

Comment se produira l'intervention de l'État? Sous bien des formes diverses :

1° L'État peut frapper d'*interdiction* les associations illicites, soit avant leur formation, soit après.

En 1872, on interdit l'Association internationale des travailleurs et toute autre attaquant la religion, la famille, la propriété. — Des peines sévères furent ajoutées à l'interdiction.

La loi du 30 juin 1881, article 12, consacre l'interdiction, prononcée en 1848, des sociétés secrètes.

2° L'État peut procéder par voie de *reconnaissance* de certaines associations.

La loi du 11 août 1875 reconnaît les sociétés de secours mutuels.

3° Un mode très efficace d'intervention est la *réglementation* des associations par l'État. — C'est ainsi que le gouvernement : détermine les conditions à remplir pour les créer; les soumet à la publicité; autorise les dons et legs qui leur sont faits.

4° L'État peut enfin favoriser énergiquement la

création d'une association, en lui accordant la *personnalité civile*, qui lui permet d'aliéner et d'acquérir en propre.

Pour toute autre association, les biens seront dans l'indivision entre ses membres.

### IV. — Historique.

L'ancienne monarchie exerçait en matière d'association son bon plaisir ordinaire.

— Depuis 1789, les associations licites sont permises, sous quelques restrictions.

L'Empire consacra le système préventif, en exigeant l'autorisation du gouvernement.

L'article 291 du Code pénal, typique en la matière, ajouta des peines contre les membres des associations non autorisées de plus de vingt personnes.

En 1834, l'art. 291 est appliqué aux associations qui éludaient la loi, en se fractionnant par sections de moins de vingt personnes, et en se réunissant accidentellement.

L'article 291 du Code pénal et la loi de 1834 furent abrogés en 1848 et rétablis en 1852. C'est l'état de choses maintenu par la loi du 30 juin 1881 (art. 12). Mais le gouvernement se montre très tolérant en matière d'association.

### V. — Associations syndicales.

La loi de 1865, modifiée par celle du 22 décembre

1888, a autorisé sous cette dénomination, des associations entre propriétaires, intéressés à exécuter certains travaux d'intérêt commun, énumérés dans le texte.

### VI. — Syndicats professionnels.

Associations ayant pour but la défense des intérêts industriels ou agricoles.

Autorisées et réglementées par la loi du 21 mars 1884, qui les exempte des peines portées contre les associations de plus de vingt personnes.

Les syndicats professionnels de patrons ou d'ouvriers ont une personnalité civile restreinte.

### VII. — Congrégations religieuses.

#### a. — Définition.

Associations de religieux ayant pour caractères distinctifs : la prononciation de *vœux*, spécialement d'obéissance aux supérieurs ; la *perpétuité* des vœux ; la *personnalité morale* de la congrégation, acceptée par ses membres, lors même qu'elle n'est pas reconnue par l'État.

#### b. — Dangers.

L'esprit de corps entre religieux d'un même ordre, la puissance que met aux mains des supérieurs l'obéissance de son armée et la disposition d'un patrimoine croissant, ont conduit le législateur à consacrer une réglementation spéciale aux congrégations religieuses.

Ajoutons que les biens de mainmorte possédés par elles, sont soustraits au crédit et à la circulation générale des propriétés.

c. — Historique.

Avant 1789, le roi avait toujours le droit de dissoudre une congrégation religieuse, qui n'existait que par la volonté du souverain.

En 1789, suppression de la personnalité civile des congrégations, abolition des vœux monastiques et bientôt suppression absolue des congrégations. — L'abolition des confréries ou congrégations séculières suivit de près.

Le Concordat de 1801, ainsi que la loi organique du 18 germinal an X, est muet sur les congrégations religieuses.

Un décret du 3 messidor an XII, confirma les prohibitions antérieures, et fit une exception, complétée plus tard par deux décrets impériaux; plusieurs congrégations bénéficièrent ainsi d'une autorisation spéciale : les Sœurs de la Charité, et autres ordres hospitaliers de femmes, et les Frères des Ecoles chrétiennes.

La Restauration rétablit les congrégations de femmes, en général, mais en exigeant l'autorisation royale, après enregistrement des statuts au Conseil d'État (L. 24 mai 1854, art. 2).

Tel est encore l'état de la législation.

Un décret du 29 mars 1880 ordonne à toute congrégation non autorisée de faire vérifier et approuver ses statuts, et d'obtenir la reconnaissance légale de ses établissements, sous peine d'encourir l'application des lois en vigueur.

## CHAPITRE X.

### LIBERTÉ DU TRAVAIL.

Sous ce titre nous comprenons :

La liberté du *travail* en général ;

La liberté de l'*industrie* ;

La liberté du *commerce*.

### SECTION I.

#### LIBERTÉ DU TRAVAIL EN GÉNÉRAL.

**I. — Définition.**

Entendons par ces mots la faculté accordée à l'homme d'exercer ses facultés intellectuelles et ses forces physiques, en vue de son bien-être.

Cette liberté comprend : d'abord le droit de travailler ou de rester oisif ; ensuite le droit de choisir son genre de travail.

**II. — Historique.**

1º L'*esclavage*, qui a déjà été considéré comme une

violation de la liberté individuelle, est aussi la suprême violation de la liberté du travail : puisqu'il ne laisse à l'esclave, ni le droit de rester oisif, ni celui de choisir son genre de travail.

2° Les *castes*, de l'Égypte, de l'Inde, doivent être également considérées comme des atteintes à la liberté du travail : elles parquent chaque travailleur dans un genre obligatoire d'occupations.

3° Les *corporations* de métiers, qui reparurent au moyen âge, eurent d'abord pour but de protéger les artisans contre les exactions des seigneurs.

Elles ne tardèrent pas à devenir : d'abord une source de privilèges et de monopoles plus ou moins attentatoires à la liberté de l'ouvrier; et bientôt un moyen d'oppression contre l'artisan isolé, contre le compagnon libre, qui n'avait pas su ou pu se faire admettre à la maîtrise.

Les édits royaux viennent enfin limiter les droits des corporations et mettre la main sur les libertés des patrons eux-mêmes.

Abolies temporairement par Turgot, les maîtrises et jurandes disparurent définitivement, lorsque la constitution de 1791 vint proclamer le principe de la liberté du travail.

### III. — Restrictions à la liberté du travail.

Cette liberté peut être restreinte en un double

sens : soit que la loi force à travailler, soit qu'elle mette obstacle au travail.

Certaines restrictions sont considérées comme illégitimes : l'interdiction, par exemple, sous la Restauration, de travailler les jours de fête.

D'autres sont justifiées ; telles sont : l'obligation des condamnés au travail ; celle du service militaire ; encore la nécessité de se munir de titres pour exercer certaines professions.

### IV. — Réglementation du travail.

Le législateur est intervenu pour réglementer le travail, dans l'intérêt des travailleurs mêmes.

1° L'intervention de l'État est louable, lorsqu'elle a pour but la protection du faible.

C'est ainsi que de nombreuses lois ont successivement réglementé le travail des enfants dans les manufactures : pour interdire, par exemple, l'entrée des usines aux très-jeunes enfants, ou pour supprimer le travail de nuit des adolescents eux-mêmes (V. Tripier, Table, p. LXI).

2° L'intervention de l'État est l'objet de vives critiques, quand elle va jusqu'à la réglementation du travail des adultes (D. 9 sept. 1848. — D. 16 fév. 1883. — D. 3 avril 1889.)

La question la plus discutée est celle de la réduction des heures de travail. Sans doute le travail restreint sera meilleur, mais l'État a-t-il le droit de mesurer les forces de l'ouvrier?

### V. — Législations étrangères.

— En Angleterre, la liberté du travail a été reconnue sous Georges III.

Un statut de la reine Élisabeth réglementait certaines industries. Aujourd'hui encore quelques professions, loueurs de voitures, colporteurs, sont soumises à la nécessité d'une autorisation.

— La Prusse, après avoir rétabli plusieurs corporations, en 1849, est revenue au système de liberté qu'elle avait adopté au commencement du siècle, sauf pour les débitants de boissons.

— En Suisse, cette dernière restriction existe aussi, doublée de la nécessité pour les colporteurs d'obtenir chaque année une autorisation nouvelle.

### VI. — Droit au travail.

Cette expression s'entend de l'obligation où serait l'État : de procurer un travail suffisamment rémunérateur à tout homme valide ; et de porter secours à tous les infirmes.

Ce rêve de certaine école socialiste se réclamerait vainement de la constitution de 1791, qui promettait seulement des établissements de secours aux pauvres invalides.

En 1848 seulement, Louis Blanc parvint à réaliser

cette utopie, en créant les ateliers nationaux, dont la prompte fermeture lui infligea un si cruel mécompte, et fut l'origine des sanglantes journées de juin.

C'est que l'on ne saurait décréter la consommation obligatoire, et si la production dépasse les limites des besoins, force est bien de fermer les ateliers publics.

Le travail organisé par l'État serait d'ailleurs la ruine du travail libre.

## SECTION II.

### LIBERTÉ DE L'INDUSTRIE.

L'*industrie*, — en comprenant sous cette expression les diverses opérations d'utilisation des matières premières, — subit parfois des *restrictions* à sa liberté.

I. — Il faut citer en première ligne les *monopoles* de production et de fabrication, qui réservent à l'État le droit exclusif de créer certains produits.

Par exemple : le monopole de la fabrication des engins de guerre, établi dans un but de sécurité publique; — ceux du tabac, des allumettes, admis dans un intérêt tout fiscal.

Dans un autre ordre, le monopole de fabrication de la monnaie, celui des postes et télégraphes, établis dans l'intérêt des particuliers.

II. — L'*autorisation* nécessaire pour exercer certaines professions, telles que celle d'imprimeur, de libraire, de pharmacien, était aussi et est encore une restriction à la liberté de l'industrie.

III. — Notons aussi la réglementation, au nom de l'hygiène publique, des établissements dangereux, incommodes ou insalubres.

### SECTION III.

#### LIBERTÉ DU COMMERCE.

Le *commerce* fait circuler, par le moyen des échanges, les produits que lui livre l'industrie.

Les restrictions imposées au commerce ont été plus importantes et plus nombreuses que les atteintes portées à la liberté de l'industrie.

I. — C'est d'abord le commerce *intérieur*, subissant des restrictions de nature diverse, les unes approuvées par tous, les autres vivement critiquées.

Parmi les premières, l'interdiction imposée aux pharmaciens de vendre des poisons. Parmi les secondes : la réglementation de la boulangerie, de l'orfévrerie ; la fixation d'un maximum du prix de vente, avec les taxes du pain, de la viande.

II. — C'est en second lieu le commerce *extérieur*, avec tout le cortège des droits d'importation et d'ex-

portation, visant : tantôt le seul profit de l'État;
tantôt sa sécurité; et presque toujours la protection
réclamée par les producteurs ou par les consomma-
teurs.

Les traités de commerce ont même but et même
portée, et sont aussi des restrictions à la liberté de
circulation des marchandises.

## CHAPITRE XI.

### LIBERTÉ DE LA PROPRIÉTÉ.

La *propriété* est le droit exclusif à toute l'utilité
d'une chose.

La propriété *collective* du communisme a presque
partout fait place à la propriété *individuelle*, qui consacre l'effort du travailleur, en lui attribuant le
produit de son œuvre, réservé à lui, à sa famille.

Les développements sur l'origine de la propriété
individuelle, les discussions sur sa légitimité, rentrent dans le cadre spécial de l'économie politique.

Depuis 1791, toutes les déclarations de droits ont
consacré l'inviolabilité de la propriété individuelle,
résumée dans l'art. 544 du Code civil, lequel défend
seulement de faire de sa chose un usage prohibé par
les lois et les règlements.

Donc, si absolu que soit le droit du propriétaire, il
subit des restrictions. — Quelles sont-elles?

### I. — Confiscation générale des biens.

— En *France*, abolie en 1790, elle fût bientôt rétablie pour les crimes contre l'État, et autorisée contre les émigrés.

La Charte de 1814 l'abolit et défend de la rétablir.

La constitution de 1848 renouvelle la prohibition.

Toutefois, si la confiscation générale ne pouvait plus être prononcée comme peine principale, elle demeure jusqu'en 1854, époque de l'abolition de la mort civile, un accessoire légal de cette dernière peine : les biens acquis par le condamné, depuis sa condamnation jusqu'à sa mort, appartiennent à l'État (C. C. 33).

— En *Angleterre*, la confiscation générale existe encore.

— Aux *États-Unis*, séquestration des biens, pour crime de haute trahison, les droits de la famille étant sauvegardés.

### II. — Confiscation spéciale en matière pénale du corps de délit : armes prohibées, produits de la chasse, etc.

Restriction fort légitime, aboutissant : soit à la destruction des choses confisquées, comme pour les engins prohibés; soit à l'attribution aux hospices, comme pour le gibier.

**III. — Impôts.**

L'*impôt* est la contribution de chacun aux dépenses publiques.

Il se trouve légitimé par la nécessité de subvenir à ces dépenses, et par cette considération que ceux qui en profitent en sont les débiteurs naturels.

L'Assemblée constituante de 1789 avait consacré le principe de l'impôt.

— L'impôt *proportionnel*, reconnu partout comme légitime, doit pourtant être modéré.

Il atteint des taux très variables, suivant les divers pays, 12 % en France, 8 en Angleterre, 5 en Belgique.

— L'impôt *progressif*, celui dans lequel le taux augmente avec les facultés imposables, est généralement tenu pour illégitime. — Limité, il laisse encore trop de place à l'arbitraire. — Illimité, il frappe d'une sorte d'amende le produit du travail heureux, atteint surtout les petites fortunes, et choque par son inégalité même.

**IV. — Expropriation pour utilité publique.**

Tous les textes législatifs qui consacrent l'inviolabilité de la propriété, permettent aussi l'expropriation à des conditions rigoureusement déterminées.

1° L'expropriation n'est permise qu'en cas d'*utilité publique*. Tel est le texte du Code civil (art. 545), qui a pris le milieu entre l'expression « nécessité publique » de 1791 et celle « d'intérêt public » de 1814.

2º *Déclaration* de l'utilité publique. Aujourd'hui, par une loi pour les grands travaux, par un décret pour les autres.

3º Juste et préalable *indemnité*. Fixée, d'abord par le conseil de préfecture, plus tard par le tribunal civil, aujourd'hui par le jury d'expropriation.

## CHAPITRE XII.

### LIBERTÉ DE PÉTITION.

Dernière et suprême liberté, qui consacre toutes les autres, en donnant aux victimes des abus de pouvoir le moyen légal de produire leurs réclamations.

### I. — Caractères du droit de pétition.

1º Les pétitions sont adressées : soit au pouvoir *législatif*, pour lui demander le retrait, la modification ou la confection d'une loi ; soit au pouvoir *exécutif*, pour réclamer le retrait d'un décret, ou pour solliciter de lui une décision. — On voit que l'appel au pouvoir est ouvert autant en vue de l'*intérêt général*, qu'en vue de l'*intérêt privé*.

2º Sous le régime *représentatif*, le droit de pétition emprunte une grande autorité morale à ce fait que les pétitions n'arrivent au pouvoir exécutif

qu'après examen des réclamations par les représentants.

3° Sous le régime *parlementaire*, le droit de pétition prend une importance capitale. — Les pétitions,
soigneusement contrôlées par les Chambres, abou-
tissent à des ordres du jour motivés, contenant un
vote de confiance ou un blâme à l'adresse du Cabinet, qui se trouve ainsi fortifié ou renversé.

4° Le droit de pétition est accordé à tous, même à
ceux qui n'ont pas de droits politiques : femmes,
mineurs, étrangers même, ajoute-t-on. C'est que la
pétition est la voix de l'intérêt général, en même
temps que de l'intérêt privé.

## II. — Historique.

1789. — Aux anciennes suppliques, adressées au
roi, succèdent les pétitions, permises, on ne sait pourquoi, aux seuls citoyens actifs.

L'abus du droit nouveau alla jusqu'à l'admission
des pétitionnaires à la barre de l'Assemblée, avec le
cortège habituel des violences et des intimidations.

Aussi supprime-t-on les pétitions collectives, pour
les autoriser de nouveau en 1793 : à ce moment,
plus de restriction aucune.

Sous l'Empire, le Conseil d'Etat fait le triage des
pétitions, l'Empereur seul y répond.

1814, 1830. — Pétitions écrites seulement. — Plus

de pétitions collectives. — Pas de pétitionnaires à la barre de l'Assemblée.

Le second Empire supprime d'abord, puis restaure presqu'aussitôt le droit de pétition.

### III. — Législation actuelle.

La constitution de 1875 est muette sur le droit de pétition. — C'est seulement la loi du 22 juillet 1879 qui le consacre en le réglementant. — Il faut d'ailleurs ajouter à ce texte les lois antérieures restées en vigueur à ce sujet.

#### a. — Pétitions permises.

1º Toute pétition à l'une ou à l'autre des Chambres ne peut être faite et présentée que *par écrit*.

2º Il est interdit d'en apporter en personne ou à la barre (art. 6).

3º Est interdite, toute *provocation* à un rassemblement sur la voie publique ayant pour objet la discussion ou l'apport aux Chambres de pétitions.

4º On peut soutenir, qu'en vertu des lois antérieures, les pétitions *collectives* demeurent prohibées. Il faut entendre par là, les pétitions adressées au nom d'une collectivité, mais non pas les pétitions recouvertes de signatures multiples, pétitions qui sont parfaitement licites.

De même sont interdites les pétitions adressées par les *corps constitués*, Cours, tribunaux, conseils

généraux ou municipaux. Les exceptions à cette dernière prohibition sont très rares.

Mais les membres des corps constitués ont le
droit incontesté de présenter des pétitions indivi-
duelles.

### b. — Formalités.

La signature de chaque pétitionnaire doit être légalisée par le maire de sa commune, sur connaissance personnelle ou sur attestation de deux personnes connues du maire.

### c. — Sanctions.

La loi du 22 juillet 1879 prononce, en renvoyant à
la loi sur les attroupements, un emprisonnement de
quinze jours à six mois.

### d. — Résultat des pétitions.

1° Une commission examine la pétition : soit la
commission mensuelle des pétitions; soit une commission spéciale.

2° Ou bien la pétition est écartée; — ou bien elle
est renvoyée au ministre, après ou sans examen
préalable par la Chambre; le ministre doit alors statuer dans les six mois; — ou bien elle est répondue
par la Chambre même, qui s'occupe de réaliser le
vœu du pétitionnaire, par exemple en cas de pétition
réclamant des tarifs protecteurs.

# CHAPITRE XIII.

## LIBERTÉ EN CAS D'ÉTAT DE SIÈGE.

**A. — Définition, textes.**

L'*état de siège* est l'état exceptionnel du pays ou des places de guerre, en cas de guerre ou d'insurrection à main armée.

La sécurité publique veut que la liberté subisse alors des restrictions extraordinaires. Aussi « l'état de siège ne peut-il être déclaré qu'en cas de *péril imminent*. »

La législation a beaucoup varié à ce sujet. La matière est aujourd'hui régie par la loi dn 3 avril 1878, et par les articles non implicitement abrogés de la loi du 9 août 1849.

**B. — Autorités chargées de déclarer l'état de siège** (L. 3 avril 1878).

1º Une *loi*, en principe, peut seule déclarer l'état de siège. — Elle fixe les lieux auxquels il s'applique et le temps de sa durée, qu'elle peut d'ailleurs proroger ensuite.

2º Le *Président de la République* peut, en cas d'ajournement des Chambres, déclarer l'état de siège, de l'avis du conseil des ministres. — Mais alors les Chambres se réunissent de plein droit deux jours après; elles maintiennent ou lèvent l'état de siège.

En cas de dissentiment entre elles, l'état de siège est levé de plein droit.

En cas de dissolution de la Chambre des députés, s'il y avait guerre étrangère, le Président de la République pourrait déclarer l'état de siège, à la condition de convoquer les électeurs et de réunir les Chambres dans le plus bref délai possible.

3° Le *gouverneur*, dans les colonies ;

4° Le commandant des places de guerre, à charge d'en référer aussitôt au gouvernement (L. 9 août 1849, art. 5).

### C. — Effets de l'état de siège (L. 9 août 1849).

1° L'autorité militaire assume tous les pouvoirs dont l'autorité civile était revêtue pour le maintien de l'ordre et de la police, sauf délégation de sa part à l'autorité civile.

2° Les tribunaux militaires deviennent compétents pour tous les crimes et délits contre la sûreté de l'État, la constitution, l'ordre et la paix publique.

3° L'autorité militaire a droit : — de faire des perquisitions domiciliaires, même de nuit ; — d'éloigner les repris de justice et les non-domiciliés ; — de procéder à la reprise des armes et munitions ; — d'interdire les publications de presse, les réunions.

# TITRE II.

## ÉGALITÉ CIVILE.

L'*égalité civile* est la concession faite à tous de droits égaux.

### SECTION I.

#### HISTORIQUE.

§ 1. — **Ancienne monarchie, Droit intermédiaire.**

Sous notre *ancienne monarchie*, l'égalité manquait encore plus que la liberté. Que d'atteintes contre elle : privilèges de la noblesse et du clergé, sans compter l'exemption d'impôts ; situation humiliante de cette bourgeoisie, qui allait se faire le champion de l'égalité universelle ; tailles et corvées.

Pourtant les cahiers de 1789 s'étaient contentés de réclamer l'égalité de l'impôt, avant la nuit célèbre où la pression croissante de l'opinion publique détermina la noblesse et le clergé à faire l'abandon de leurs privilèges.

L'égalité devant la loi civile était fondée : aussi la constitution de 1791 se hâte-t-elle de la proclamer en tête de sa Déclaration des droits.

C'était bien, c'était assez : la constitution de 1793 allait plus loin, mais à tort : « Tous les hommes sont égaux par la nature et devant la loi. » Devant la loi, c'est l'équité même ; « par la nature, » rien de plus vrai, si l'on entend par là que le droit à l'égalité civile est un de ces droits primordiaux que toute constitution doit reconnaître; rien de plus utopique, si l'on va jusqu'à prétendre que tous les hommes sont égaux devant la nature. Ce sont précisément leurs inégalités de nature qui maintiennent forcément certaines inégalités de droits.

Pourrait-on, en effet, considérer comme inégalités illicites, les protections que la loi accorde aux mineurs, aux interdits, aux femmes mariées, et qui constituent ce que l'on est convenu d'appeler leurs incapacités?

### § 2. — Droit moderne.

Cette égalité si chèrement conquise fut bientôt battue en brèche.

I. — En 1806, l'Empereur crée la noblesse impériale et détermine un retour au droit féodal, en inaugurant les majorats.

La Restauration consacre la noblesse, tant impériale que royale. — La noblesse n'est pourtant qu'une distinction, ne conférant au fond qu'un seul privilège : l'accession à la Chambre des pairs.

Mais Charles X restaure dans toute leur étendue, et même au-delà, les substitutions fidéicommissaires, qui avaient fait la force autant que le scandale de l'époque féodale. — Elles ne disparurent définitivement qu'en 1849.

II. — L'article 259 du Code pénal consacra la validité des titres impériaux, en punissant ceux qui se les arrogeaient sans droit.

En 1832, cet article fut remplacé par un texte nouveau, dans lequel il n'était plus question de titres.

La loi du 28 mai 1858 a rétabli le texte primitif, et reconnu par là même l'existence de titres, qui sont une exception à l'égalité civile.

III. — Le décret du 29 février 1848, qui abolissait tout titre et toute distinction de caste, fut abrogé en 1852.

## SECTION II.

### SITUATION ACTUELLE.

I. — L'égalité devant l'*impôt* résulte aujourd'hui de ce que chacun supporte les charges publiques en proportion de ses facultés imposables.

Les dégrévements accordés aux indigents ne constituent pas une exception, puisqu'ils répondent au défaut de facultés imposables.

II. — L'égalité d'admissibilité aux *emplois publics*

est complète : plus de charges de Cour, d'emplois héréditaires.

Cette égalité, conséquence de la liberté du travail, n'est point violée par les épreuves imposées aux candidats, épreuves qui ont seulement pour but de s'assurer de leur capacité.

# TABLE DES MATIÈRES

# ERRATUM

Page 121, ligne 14, *au lieu de* 15 *lire* 16
— 132 — 11 — ce — le
— 157 — 25 — 24 — 25
— 158 — 1 — 24 — 25
— 160 — 10 — 1874 — 1875
— 160 — 14 — 21 juin — 22 juillet
— 207 — 1 — droits — principes